百年不退流行的
台北文青生活案內帖

百年不退流行的台北文青生活案內帖

百年不退流行的台北文青生活案內帖

時代的聲音
台語流行歌

雨夜花，雨夜花，受風雨吹落地，
無人看見，每日怨嗟，花謝落地
不再回……

時代的歌聲，阮的心聽了就快活。宣傳電影的歌曲出奇招，用台語譜詞，無意中為台語歌的黃金年代揭開序幕。掛著美國品牌的日資古倫美亞公司，眼見市場潛力無窮，從工人、江湖藝人、商店職員挖掘能寫漢文的人來填詞，當時聲勢如日中天的詞人李臨秋，原本是劇院會計兼倒茶水的，而音樂行銷高手陳君玉則是印刷廠工人。鄧雨賢以他對西洋音樂的知識為基礎，結合民間歌謠之美，譜出屬於台灣人的歌聲。

空襲 疏開

身世備忘錄

現代，如果有形狀或有聲音，台灣最早看到或聽到的時候，是什麼心情？

我們聽著歌扭動身體、拉著戀人逛街談心、看著滿街男女精心打扮自己，偶爾也買本書寫首詩，規畫理想的未來世界……，這些似乎理所當然的生活型態，並不是原初就在這裡。若回溯一百年前的台北去尋找，謎底就會揭曉。

紙醉金迷大稻埕

一九三〇年，台北。

台北變裝秀

台北是關鍵字。一府二鹿三艋舺的口號，早在一八九五年就已重新排序。艋舺加上大稻埕，人口已是當時台灣最多，豐茂的文化經濟，匯聚的文人商賈，台北既是台灣社會的「島都」，也是日本殖民的「帝都」。現代的台灣史，台北當然責無旁貸。

頂上罩著一個無可遁逃的政權的台北人，心知肚明現實世界的他們有手有腳也有腦袋，會直走也會轉彎。雖然烙刻著漢人傳統文化，但是生活不必然要漢賊不兩立地誓死抵抗。所以日治時期台灣的飲食、衣著、讀書、聽歌、跳舞、愛情、休閒，盡情學習了東京和巴黎，目不暇給地改頭換面。就像剪短頭髮之後開了窗，繞道日本而來的歐美文明西風理所當然地吹進了已然鬆開的領口。

噍吧哖事件 武裝抗日

罷工罷課 婚姻自由

摩登男女

台北文青百年小史。

一百年也是關鍵。一九一五不只是個數字，那年夏天，台灣出現日本殖民二十年來規模最大的漢人武裝抗爭——噍吧哖事件。兩、三個月慘烈交戰，最後是總督府鎮壓逮捕兩千人告終。這場看似承接林少貓、羅福星等壯士飽含血淚而反抗的「起義」，詭譎地，再也沒有後續了。這一回竟是最後的漢人武裝抗日事件，台灣從此開始政治安定、經濟起飛、人口成長，進入「日治中期」。

一百年前的台北，傳統生活賴著保守的根基在島都慵躺，現代生活挾著維新體制由帝都闖進。台北人，歡迎或抗拒？欣喜或悲悽？他們不再書寫武裝抗日的故事，還有沒有矛盾？還是不是為難？

一九二〇年代之後，台灣的政治運動從武裝抗日轉換為「文裝抗日」，一方面默認日本統治權是正當合法，同時在生活中逆來順「用」。唱歌跳舞的人，雖然拒絕傳統，轉而學習西方藝理，終究想的是寫台灣人的歌、編台灣人的舞。讀書思想的人，雖然痛斥漢詩，引進白話新文學，始終期盼的也是寫台灣人的故事、說台灣人的語言。

讀書、聽歌、跳舞、愛情、休閒

文裝抗日

咖啡女給

百年前台北文青就在多重文化力量交錯之下蝕刻出都市青年獨有的複雜矛盾樣貌，一言難盡到平淡無奇的困頓與掙扎，至今未曾改變。

那些年，夾在傳統與現代之間的台北社會究竟要走向新或舊或左或右，其實並不太明朗。隨意勾起幾筆台灣史，一九一四年台灣紳商推動「台灣同化會」邀來日本民權領袖板垣退助，在台北最豪華的鐵道飯店舉行成立大會，根本不談武裝抗日，甚至期待「被承認為日本國民」的資格。一九一五年，有另一批北台灣的瀛社、吟社、竹社等眾多傳統詩人在艋舺集會，拱著尊崇漢文傳統的擊缽聯吟，力保中華文化掌握。一九一六年，則有總督府舉辦「台灣勸業共進會」，在台北市區推出六萬坪會場，開幕一個月就吸引全台灣人口四分之一的八十一萬人次參觀，街頭還有自行車、野球、馬拉松比賽，以及變裝遊行、飛機展示……，文明的物質生活好像刷掉了殖民的悲情了。

THE TAIWAN MINPAO
臺灣民報
文学
少年少女
讀書
寫眞新聞
中壢館
台北文青生活
案內帖

帶著一絲曖昧，走進城內

「他無所事事，信步行到龐大的血般赤紅的總督府的時候，這四圍盡是廣大的官衙洋樓的建築物中央……」

小說〈沒落〉男主角是曾經滿懷革命理想的左翼青年，隨著殖民權力穩固，他的生活也開始頹靡，頓失所依的他於是一直飄盪在這個都市的最中心、有台北銀座之稱的榮町二丁目。在總督府旁北邊一百公尺的公園獅咖啡與朋友聊天擺闊，與女侍嬉笑調情。

對抗日本的熱血理念，或許仍是時代的標誌，但親近日本進步的、舒適的生活，卻由城內一點一滴暈了開來。

繽紛文明初體驗
台北何處來

台北思想起，文青百年難達的命運

台灣人面對著統治者的試煉，以及接下來舉世罕見的密集政權更迭的歷史情境，在不甘宿命裡半推半就，研發出混雜進退、矛盾搭配的生活戰術。只是，其中歷程所潛藏的隱忍、艱辛、困厄、無奈，實在是各種社會科學研究所難以揭露的複雜情愫。

所以我們需要文學，也慶幸日治台灣有許多精采的文學。那些神經敏銳的作者有探測時代的觸鬚，鑽到台北的正面、側面、背面在描述著、戳弄著、調侃著，現實的情景有傳統步調的裹腳布，有繽紛文明的初體驗。一百年前的台北，尷尬與矛盾正是現代生活的原型，那個時代距離我們雖不近，但真的也不遠。

淡水戲館

淡水戲館即是新舞台的前身。老闆原是日本人，因為獲利考量，特別建造一座可以演出中國戲曲的劇院，於一九〇九年落成，是當時台北唯一的「本島人娛樂機關」。

淡水戲館的經營權，在一九一六年戲劇性換手。原來是台北商界籌辦慶祝始政二十週年的「台灣勸業共進會」，公推辜顯榮出面邀請中國戲班前來演出，以吸引本土人氣。未料辜顯榮請來的京津滬組合陣容太強，需要另外租用淡水戲館，但竟遭日方股東拒租，並開出要求辜顯榮買下戲館的條件。辜顯榮就這樣半推半就頂下淡水戲館，並仿「上海新舞台」之名改稱「台灣新舞台」，簡稱新舞台。

台灣博覽會演藝館內（大稻埕檢番藝妓）

蔡瑞月

台南出身的現代舞先驅。赴日習舞，回台後飽受政治迫害。

艋舺花月の娼妓小政

淡水河へ投身

情夫に捨てられたを悲觀して

艋舺遊廓貸座敷花月本店抱娼妓小政事渡邊いと(二〇)は豫々病身にて悲觀しゐたが二三日前登樓せる馴染客と喧嘩の後一層悲觀の度を増し鬱ぎ込みゐた處五日午前五時頃強か酒を呷つた上樓を飛び出し行方不明となつたので大騒ぎとなり搜査中約一時間を經て第五水門附近の淡水河に屍體となつて浮き揚つたのを發見し手當を加へたが蘇生せず、同人の部屋より喧嘩した對手とは夫婦約束までして深い仲で時々逢瀬を樂しんでゐたが見捨てられたので現世が厭になつたとの遺書が殘つてゐた

大稻埕川岸（臺北

河，沒有蓋子呢！

張文環〈藝旦之家〉的女主角，采雲，來自南部，被收養到台北脫離貧家，從此衣食暖飽，甚至還能讀書識字，在大稻埕上班交友戀愛。城市善於提供機會，但不負責保證幸福，收養她的也同時騙她賣身，因而毀婚失戀。當面臨命運分歧點時，她走到水邊。薄霧籠罩的淡水河風中，傳來不曉得是日語或是台語的「淡水河沒有蓋呢。」

張文環

阿里山麓出身的文學家，曾因〈藝旦之家〉的成功而被藝旦告白。

她將往何處去？

從捷運公館站下車，穿過曾經鋪設鐵軌的汀州路，便是台北水源地。

關於這個地方的身世，史料說，日本領台後的一九〇九年，淨水場與水池在此建成，新店溪水經過供水系統淨化，沿著管線運送到用戶家中，從河水、井水到自來水的流動過程，水源地是用水系統現代化的具體座標。

不過，史料說不出關於水源地的如畫景致，以及那些水邊、城裡的故事。

台灣神社

台灣神社與敕使街道

神社是日本神道的信仰中心，日本統治台灣後，也在各個重要都市興建神社。台灣第一座神社是在劍潭山頂的台灣神社，建於一九〇一年，是位階頗高的官幣大社，亦即官方供奉幣帛的神社。台北市區通往台灣神社的道路，是特別為了參拜而修築，當時名為「敕使街道」，即今天的中山北路。日本皇族、特使來台訪察，由基隆港上岸，乘火車進入台北，沿著敕使街道，跨越橫亙基隆河的明治橋，經過青銅燈座和花崗石欄杆進入神社，是最典型的參拜行程。台灣神社在戰後旋即被拆除，原地已改建為圓山大飯店。

故事如果發生在一九二〇年代，我們可能會看到一對依偎的學生情侶，在當時最時髦的水源地划船約會，遠方山色嫵媚、近處河水淨涼、眼前樹蔭隱蔽。煞風景的是這位情郎清風，不能忘情擁抱眼前的情人，因為他早被家人許下其他婚配對象桂花。

這是出自東京留學生筆下、最早的台灣小說〈她將往何處去〉裡的故事——水源地約會結束後，沒有愛情基礎的婚約雙方當事人，就要爭取婚姻自主、個人獨立。後來桂花毅然擦乾被毀婚的傷心淚水，踏出深閨，搭上前往東京留學的船隻，立志成為改革台灣社會的新力量。當時夢想的出口在東京，台北只是幾個以日本城市生活為藍圖規畫出來的地點：圓山公園、北投溫泉、水源地，加上年輕人拚了命想逃出的磚瓦窄房。

明治橋

百貨店

大稻埕市街

菊元百貨

台灣第一家百貨公司

一九三二年十一月二十八日，菊元百貨在榮町開幕了，這是台灣第一家百貨公司，幾天後，台南「林百貨」也盛重登場。菊元百貨樓高七層，美名「七重天」，擁有台北僅次於總督府的流籠（電梯）。到菊元一睹身穿洋裝、腳套白絲襪的電梯小姐，是當時許多台北人的共同話題。位於衡陽路、博愛路西北角的菊元百貨，建築結構保留至今，只在外牆加上帷幕玻璃成為金融辦公大樓；相對地，台南「林百貨」則在二〇一四年整修復舊，並開放參觀營業。

台北街頭 記念寫真帖

台灣博覽會大稻埕分場入口

〈她將往何處去〉裡的桂花，不知道學成後有沒有回台？如果有，她可能會在一九三五年「始政四十週年台灣博覽會」的輝煌展示中，遇到一個固執老秀才。

這次的故事是在已經遍地霓虹閃爍、用水乾淨、搭車四通八達的一九三〇年代台北。這些改善生活的政績，被總督府在新公園、大稻埕、草山設置的會場大肆宣傳。連隱居鄉下多年的老秀才斗文先生，都經不起招引而來去鬥鬧熱。遺憾的是，這場都市之旅相當狼狽，先是被火車汽笛驚嚇尚未回魂，又接著在博覽會場受到只懂日文的小子羞辱。而那自己青春象徵的老衙門原址，卻已經蓋起了公共會堂。

台北新公園

公園

平行世界的交匯點

小學生去圓山公園修學旅行，賞花、納涼、參觀博物館動物園、參拜神社。都會男女去新公園，找張長椅，坐下來聽噴水池的聲音，參觀博物館、欣賞音樂會、有時還能巧遇露天電影呢！離開前到喫茶店坐坐，享受現代化都市生活的嶄新體驗！舊文人來此，目睹公園內前塵遺跡，「胸坎像著了一下鐵錘，無力地落到椅上去……」

大稻埕，在文萌樓雲雨完事的人客、永樂座散場的觀眾、店員、車伕、工人等，像水流往低處一般，往圓公園匯聚，來這裡滿足口腹，夜晚的都市慾望蒸騰。

未被滿足的慾望，也在公園尋找出口，勞動者、被壓迫者在這裡集結抗爭，也在這裡得到庇護與慰藉。

公園，是平行世界交匯之所。

台北變裝秀

一九三〇年代，台北榮町通（今衡陽路），青年紳士身著摩登瀟灑的雪白絹袖服，繫蝴蝶型的領帶，腳上穿白鞋。看在王詩琅小說〈沒落〉中從左翼運動中敗陣而返的青年眼裡，繁榮華美的都市剪影，與褪色的革命理想兩相對照，「值得嗎？」這疑問在內心深處縈繞不去。

那年代，台北街頭猶如一個變裝秀場。剛剪去薙辮的一般男子的入門款有長袍搭西褲、馬褂搭皮鞋，或一身古著但頭上戴著一頂西式草帽遮陽；女人也混搭，但是由於具備裁縫手藝，她們也是設計師，當時小說中的女主角看到貨架上的一匹布，就能在腦海中轉換成理想的「一領長衫」。

台北植物園

一九三〇年代除了博覽會，還有另一則值得紀念的大事——台灣人翹首期盼下終於有了自己的報刊，只是刊在報紙上的連載小說卻彷彿一記預言〈命運難違〉。家住士林的男主角金池每天搭車進城訪友，滿腔的熱情追來的，卻是輕浮奢華如大稻埕重商風氣的婚姻。與金池才情外貌都匹配的「萬華第一美人」鳳鶯，卻嫁進惡婆婆花心丈夫的家庭。這對才子佳人在台北城內、動物園不斷地緣慳一面。當二人在基隆河上的明治橋終於相遇，卻並不是互訴衷情，而是剛好都要投河自盡。

台北文青生活案內帖

謝雪紅

從童養媳到革命家，二十世紀台灣女性解放運動史代表人物。

林獻堂

二十世紀台灣歷史上無論民族運動、社會文化、政治開拓都很難忽略的名字。

呂赫若

台中出身的文學家，還能寫劇本、唱聲樂，容貌出色不愧「台灣第一才子」。

大安醫院文化公司

百年不退流行

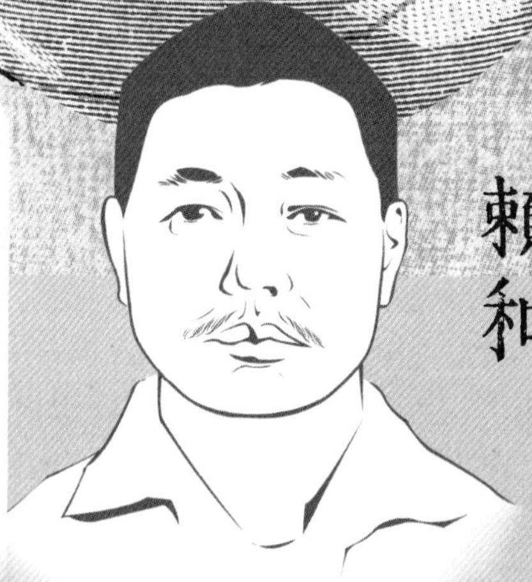

賴和

彰化出身的醫師文學家，漢詩功力一流，卻努力用剛起步的白話文創作。

(台北) 舊城壁 CASTLE WALL, TAIHOKU. (赤岡兄弟商會發行)

台灣藝旦

民俗圖繪 一八

立石鐵臣

平樂遊

艋舺の名が、臺灣の三つの大きな街の一つとして華やいでゐた時、平樂遊は其處の名だたる料亭であつた。

艋舺が臺北市の一隅にさびれる萬華となつて、平樂遊の姿は昔をしのぶにはあはれな雜居家居になつた。そして前面に附け加へられた小[illegible]には、藥草實と花輪を置く店など[illegible]

聳立在明治橋彼端的圓山神社，與大稻埕紅磚瓦都緊錮著的台灣人的流水年華。改革理想的中挫、往昔同志的變節、戀愛人情的脆弱。這一切的失落與荒謬，如果不想行吟江畔大哭這是哪裡，也只能到城內的咖啡館喝杯蘇打水，再往大稻埕餐廳吃台灣菜、叫幾個藝旦唱曲解悶。可怎麼一抬眼，咖啡館中前來侍坐的女給，竟是社運場上曾經一同高聲抗爭的女同志?!這樣的邂逅真是〈沒落〉的完美演繹了。

娼妓文化與文萌樓

隨著城內的崛起，大稻埕轉向吸引勞工消費。結束一天辛勞後，就在江山樓附近歇息，這裡因此酒家林立，以黑美人大酒家最具代表性。位於歸綏街的文萌樓，建於一九二五年，原為日本民間公司的物業，戰後為台灣政府接收，並於一九五六年規畫為公娼區，與艋舺寶斗里並列台北二大勞動階層的性消費基地。不過，台灣一九九七年陸續廢除公娼制度，文萌樓一帶首當其衝。後來性工作者群起抗議廢娼政策，並對抗警察取締、嫖客白嫖的歧視，以文萌樓舊址為據點，組成「日日春關懷互助會」，展開長期抗爭。這些娼妓文化的歷史建物，近年紛遭建商規畫為都市更新用地，艋舺寶斗里的「青雲閣」於二〇一四年八月八月突遭拆除，文萌樓則在日日春協會爭取下，由台北市政府劃定為市定古蹟。

艋舺 摩登臺北

王香禪

精通南北曲藝、能吟哦詩文的著名藝旦。

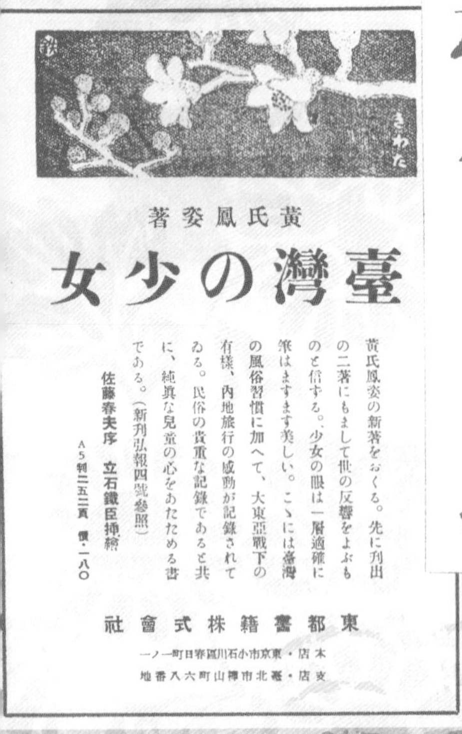

黃氏鳳姿著

臺灣の少女

黃氏鳳姿の新著をおくる。先に列出の二著にもまして世の反響をよぶものと信ずる。少女の眼は一層適確に筆はますます美しい。こゝには臺灣の風俗習慣に加へて、內地旅行の感動が記錄されて有樣、大東亞戰下の民俗の貴重な記錄であると共に、純眞な兒童の心をあたためる書である。（新刊弘報四號參照）

佐藤春夫序　立石鐵臣挿繪

A5判二五二頁　價・一八〇

東都書籍株式會社

本店・東京市小石川區春日町一ノ一

支店・臺北市樺山町六八番地

當薄霧籠罩的淡水河風中，傳來不曉得是日語或是台語發音的「淡水河沒有蓋呢。」〈藝旦之家〉裡的采雲想起的，會是來台北前的貧困童年、與戀人共遊北投溫泉的歡愉、還是乾脆效法前輩桂花，奔往遠方新世界呢？

談文弄藝的咖啡館、料理店，加上圖書、音符、墨水造就出的文學家也沒有提供答案。他們只是穿梭於三市街，以通往海外與生死交界的江水河岸為寄託，以片刻生命擷取歷史中的情感留存。城市仍在不同意識型態的執政者手中持續變化，造就歷史、也被歷史銘刻。但人有更多的經驗可以參照，在面對河水召喚時不用投身，而是正視所來處、記取望穿春風的過去，面向河口無盡開闊的未來。

理想的生活，從來就不容易
文明的憧憬與無情現實重壓交錯
台北文青複雜矛盾到一言難盡的平淡無奇
解開這百年難違的命運之謎…
追求理想的生活和對抗霸權，本質是一樣的，
都是一場革命，台北文青難違的宿命。

文学
台灣の少女
黃鳳姿

講起台灣民俗就像行灶腳，十二歲就出第一本書的文學天才少女。

台北的閱讀故事

「台北城的黃昏，不知什麼時候飄著毛毛細雨，榮町濕漉漉的柏油路，輝映著橙黃和紫丁香花色的朦朧霓虹燈影。已經夜幕沉垂了。杜南遠與鶴丸五郎並肩行走於亭子腳。抬頭一看對面的文明堂書店，明亮的燈光下擺滿著書籍，店內有不少台北高等學校的學生凝神看書。」

從新竹上台北讀書、工作的龍瑛宗，放學、下班後到書店站著補課，抓緊時間啃讀從圖書館借回來的書，一心念著要能跟緊城市都市份子的思想與話題，原本在銀行數鈔票的他，一提筆，就再也抑制不住創作能量。

台北的書店豐富了他的閱讀經驗，是他踏入文學的契機，也成就了他思想的厚度。台北書店街繁華不再，但願書店的故事仍繼續在街角、巷弄傳頌流轉……

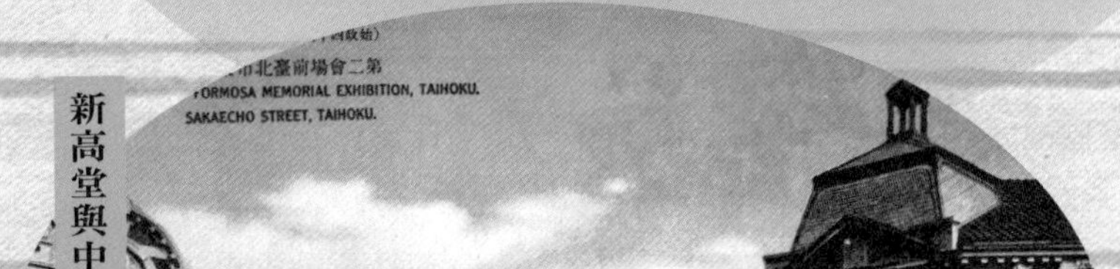

新高堂與中正書局

週刊
臺灣民報

蔣渭水

身兼醫師與民族社會運動家的雙重角色，在大稻埕經營醫院兼書局的複合型公眾設施。

台灣民報總批發處大安醫院

連雅堂

台南望族出身，雖在大稻埕經營書店不堪虧損，但後代政商名流輩出。

新高堂書店

龍瑛宗

以〈植有木瓜樹的小鎮〉獲得日本文壇大獎，日治時代最優異小說家。

台北搭車趴趴走

日治初期台灣的交通建設，主角是港口和鐵路，一九一〇年代以後，公路、橋梁取而代之，也意謂著汽車時代登台。一九一二年，台灣第一輛汽車，是日式旅館「日之丸」引進的，用於接待賓客；一九一三年，台北市及近郊出現營業的大巴士和出租小汽車，不過初時以時計費，不能叫計程車。台北市營的公共巴士直到一九三〇年才開張，十二歲以上的大人單程票券為八錢，十四次和三十次的回數票券，則一直維持著一圓和二圓的低廉價格。

貨幣

台灣的貨幣，在清代種類繁多，至少有銅錢、銀塊、銀元及由私人發行的紙幣等在市面流通，計價不方便，兌率也不穩定。日治初期，台灣總督府開始引進日本的銀行券、銀圓等幣制，一九〇九年完成貨幣改革，與日本本國同樣實施金本位制，計價單位統一為圓，由台灣銀行發行銀行券為流通貨幣，與日圓匯率為一比一。

根據一些回憶錄，一圓差不多可以買豬肉兩三斤，約略等於現今新台幣三百元。台灣銀行券使用年限至一九四六年為止。二戰後，台灣政府先改用舊台幣，一九四九年起發行新台幣使用至今。

咖啡社交

咖啡是在日治時期引進台灣。台北最早的咖啡館，應是一八九七年西門外的「西洋軒（歐風コーヒー茶館）」，一九一二年開幕、位於新公園旁的「公園獅（コーヒー　ライオン）」則是赫赫有名的文人聚會所。台北咖啡館以獨特的法式建築風格與洋化菜單，加上鋼琴、爵士，帶動新的消費生活。一九二〇年代前後，台北咖啡館又發展出另一種獨特文化，陪聊天與陪跳社交舞的女給（女侍），超越咖啡成為最吸引客人的元素，咖啡館結合了舞廳的特質，是當時極為重要的社交場所。

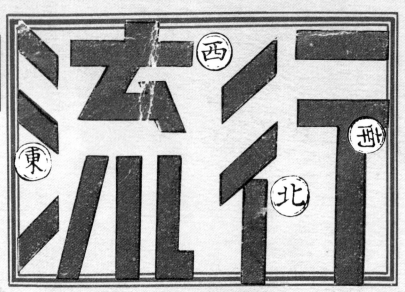

台北

流行

東 西 南 北

記念寫眞帖

目次

臺灣民報
CAFE

書

百年不退流行的台北文青生活案內帖

台灣文學工作室 著

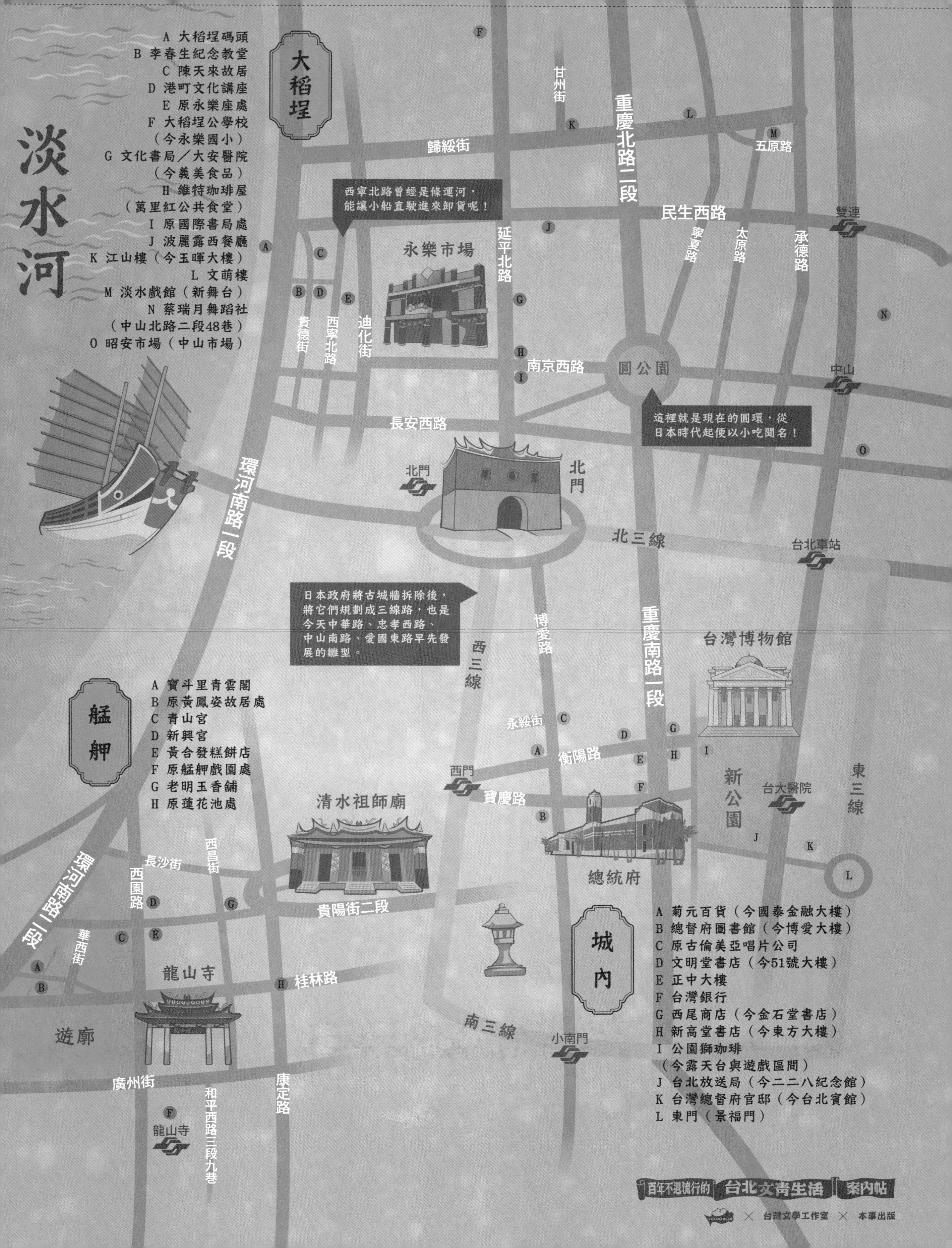
淡水河
大稻埕
A 大稻埕碼頭
B 李春生紀念教堂
C 陳天來故居
D 港町文化講座
E 原永樂座處
F 大稻埕公學校（今永樂國小）
G 文化書局／大安醫院（今義美食品）
H 維特珈琲屋（萬里紅公共食堂）
I 原國際書局處
J 波麗露西餐廳
K 江山樓（今玉暉大樓）
L 文萌樓
M 淡水戲館（新舞台）
N 蔡瑞月舞蹈社（中山北路二段48巷）
O 昭安市場（中山市場）
西寧北路曾經是條運河，能讓小船直駛進來卸貨呢！
永樂市場
歸綏街
甘州街
重慶北路二段
五原路
民生西路
雙連
延平北路
寧夏路
太原路
承德路
貴德街
西寧北路
迪化街
南京西路
圓公園
中山
這裡就是現在的圓環，從日本時代起便以小吃聞名！
長安西路
環河南路一段
北門
北門
北三線
台北車站
日本政府將古城牆拆除後，將它們規劃成三線路，也是今天中華路、忠孝西路、中山南路、愛國東路早先發展的雛型。
博愛路
西三線
重慶南路一段
台灣博物館
艋舺
A 寶斗里青雲閣
B 原黃鳳姿故居處
C 青山宮
D 新興宮
E 黃合發糕餅店
F 原艋舺戲園處
G 老明玉香舖
H 原蓮花池處
永綏街
衡陽路
西門
寶慶路
新公園
台大醫院
東三線
清水祖師廟
總統府
長沙街
西昌街
西園路
貴陽街二段
環河南路二段
華西街
龍山寺
桂林路
遊廊
城內
A 菊元百貨（今國泰金融大樓）
B 總督府圖書館（今博愛大樓）
C 原古倫美亞唱片公司
D 文明堂書店（今51號大樓）
E 正中大樓
F 台灣銀行
G 西尾商店（今金石堂書店）
H 新高堂書店（今東方大樓）
I 公園獅珈琲（今露天台與遊戲區間）
J 台北放送局（今二二八紀念館）
K 台灣總督府官邸（今台北賓館）
L 東門（景福門）
南三線
小南門
廣州街
康定路
和平西路三段九巷
龍山寺
百年不退流行的 台北文青生活 案內帖
台灣文學工作室 × 本事出版

台北由何處來？

「現代」若是有聲有形，台灣人最初如何表現？唱歌擺動身體、妝扮自己、逛街談心、買書寫詩、夢想未來的自己？這些習以為常的現代生活，當然不是原初就在這裡。

本書十三篇文章看似隨機在漫談日治的地景、文學，其實都是想說明「現代生活」初入台灣的曖昧情形。長長的書名裡，有兩個特別要強調的關鍵字：一百年、台北。

台北是關鍵字。一府二鹿三艋舺的口號，早在一八九五年就已重新排序。艋舺加上大稻埕，人口已是當時台灣最多，豐茂的文化經濟，匯聚的文人商賈，台北既是台灣社會的「島都」，也是日本殖民的「帝都」。現代的台灣史，台北當然責無旁貸。

一百年也是關鍵。一九一五不只是個數字，那年夏天，台灣出現殖民二十年來規模最大的漢人武裝抗爭——噍吧哖事件。兩、三個月慘烈交戰，最後是總督府鎮壓逮捕兩千人告終。這場看似承接林少貓、羅福星等壯士飽含血淚而反抗的「起義」，詭譎地，再也沒有後續了。這一回竟是最後的漢人武裝抗日事件，從此「日治中期」的台灣就開始政治安定、經濟起飛、人口成長……。

一百年前的台北，傳統生活賴著保守的根基在島都慵躺，現代生活挾著維新體制由帝都闖進。台北人，歡迎或抗拒？欣喜或悲悽？他們不再書寫武裝抗日的故事，還有沒有矛盾？還是不是為難？

頂上罩著一個無可遁逃的政權的台北人，心知肚明現實世界的他們有手有腳也有腦袋，會直走也會轉彎。雖然烙刻著漢人傳統文化，但是生活不必然要漢賊不兩立地誓死抵抗。所以日治時期台灣的飲食、衣著、讀書、聽歌、跳舞、愛情、休閒，盡情學習了東京和巴黎，目不暇給地改頭換面。就像剪短頭髮之後開了窗，繞道日本而來的歐美文明西風理所當然地吹進了已然鬆開的領口。

但台北人對於現代化，也絕不是卑屈地照單全收。唱歌跳舞的人，雖然學習西方藝理而主張棄絕傳統，但從不忘想做台灣人的歌、編台灣人的舞；讀書思想的人，雖然引進白話新文學而痛斥漢詩，也一直期盼挖掘台灣人的故事、說台灣人的語言。這就是本書念念不忘的曖昧性，若回到一百年前的台北來追尋，案例真的此起彼落。

一百年前那些年，夾在傳統與現代之間的台北社會究竟要走向新或舊或左或右，其實並不太明朗。隨意勾起幾筆台灣史，一九一四年台灣紳商推動「台灣同化會」邀來日本民權領袖板垣退助，在台北最豪華的鐵道飯店舉行成立大會，根本不談武裝抗日，甚至期待「被承認為日本國民」的資格。一九一五年，有另一批北台灣的瀛社、吟社、竹社等眾多傳統詩人在艋舺集會，拱著尊崇漢文傳統的擊鉢聯吟，力保中華文化掌握。一九一六年，則有總督府舉辦「台灣勸業共進會」，在台北市區推出六萬坪會場，開幕一個月就吸引全台灣人口四分之一的八十一萬人次參觀，街頭還有自行車、野球、馬拉松比賽，以及變裝遊行、飛機展示……，文明的物質生活好像刷掉了殖民的悲情了。

一百年前的全貌，真是一言難盡的模糊難題！所以，面對歷史情境砸來的一道道考題，不論台北人或台灣人，答案從來不是蠢蠢的二選一。島都兼帝都台北，正是極致展現日治台灣混雜生活的典型。

台北在清末發達的艋舺、大稻埕、城內三個舊市街，總人口就有十萬人，已經超越老府城台南而成為台灣最大的聚落。日治時期的定都，更將台北的都市文化推到台灣最領先的位置。台北人口在一九〇五年已有十六萬人，一九一五年約二十二萬人，一九二五年約二十八萬人，一九三五年約三十八萬人，一九四三年約四十七萬，穩定集結台灣總人口的百分之七。

當然，光講數字看了不會有共感，所以需要文學。台灣人面對著統治者的試煉，以及接下來舉世罕見的密集政權更迭的歷史情境，在不甘宿命裡半推半就，研發出混雜進退、矛盾搭配的生活戰術。只是，其中歷程所潛藏的隱忍、艱辛、困厄、無奈，實在是各種社會科學研究所難以揭露的複雜情愫。

所以我們需要文學，也慶幸日治台灣有許多精采的文學。那些神經敏銳的作者有探測時代的觸鬚，鑽到台北的正面、側面、背面在描述著、戳弄著、調侃著，現實的情景有傳統步調的裏腳布，有繽紛文明的初體驗。一百年前的台北，尷尬與矛盾正是現代生活的原型，那個時代距離我們雖不近，但真的也不遠。

蘇碩斌

序二

她將往何處去？

從捷運公館站下車，穿過曾經鋪設鐵軌的汀州路，便是台北水源地。

關於這個地方的身世，史料說，日本領台後的一九〇九年，淨水場與水池在此建成，新店溪水經過供水系統淨化，沿著管線運送到用戶家中，從河水、井水到自來水的流動過程，水源地是用水系統現代化的具體座標。

不過，史料說不出關於水源地的如畫景致，以及那些水邊、城裡的故事。

故事如果發生在一九二〇年代，我們可能會看到一對依偎的學生情侶，在當時最時髦的水源地划船約會，遠方山色嫵媚、近處河水淨涼、眼前樹蔭隱蔽。煞風景的是這位情郎清風，不能忘情擁抱眼前的情人，因為他早被家人許下其他婚配對象桂花。這是出自東京留學生筆下、最早的台灣小說〈她將往何處去〉裡的故事——水源地約會結束後，沒有愛情基礎的婚約雙方當事人，就要爭取婚姻自主、個人獨立。後來桂花毅然擦乾被毀婚的傷心淚水，踏出深閨，搭上前往東京留學的船隻，立志成為改革台灣社會的新力量。當時夢想的出口在東京，台北只是幾個以日本城市生活為藍圖規畫出來的地點：圓山公園、北投溫泉、水源地，加上年輕人拚了命想逃出的磚瓦窄房。

不知道學成後的桂花，後來有沒有回台？如果有，她可能會在一九三五年「始政四十週年台灣博覽會」的輝煌展示中，遇到一個固執老秀才。

這次的故事是在已經遍地霓虹閃爍、用水乾淨、搭車四通八達的一九三〇年代台北。這些改善生活的政績，被總督府在新公園、大稻埕、草山設置的會場大肆宣傳。連隱居鄉下多年的老秀才斗文先生，都經不起招引而來去鬥鬧熱。遺憾的是，這場都市之旅相當狼狽，先是被火車汽笛驚嚇尚未回魂，又接著在博覽會場受到只懂日文的小子羞辱。而那自己青春象徵的老衙門原址，卻已經蓋起了公共會堂。

一九三〇年代除了博覽會，還有另一則值得紀念的大事——台灣人翹首期盼下終於有了自己的報刊，只是刊在報紙上的連載小說卻彷彿一記預言〈命運難違〉。家住士林的男主角金池每天搭車進城訪友，滿腔的熱情追來的，卻是輕浮奢華如大稻埕重商風氣的婚姻。與金池才情外貌都匹配的「萬華第一美人」鳳鶯，卻嫁進惡婆婆花心丈夫的家庭。這對才子佳人在台北城內、動物園不斷地緣慳一面。當二人在基隆河上的明治橋終於相遇，卻並不是互訴衷情，而是剛好都要投河自盡。

聳立在明治橋彼端的圓山神社，與大稻埕紅磚瓦都緊錮著的台灣人的流水年華。改革理想的中挫、往昔同志的變節、戀愛人情的脆弱。這一切的失落與荒謬，如果不想行吟江畔大哭這是哪裡，也只能到城內的咖啡館喝杯蘇打水，再往大稻埕餐廳吃台灣菜、叫幾個藝旦唱曲解悶。可怎麼一抬眼，咖啡館中前來侍坐的女給，竟是社運場上曾經一同高聲抗爭的女同志?!這樣的邂逅真是〈沒落〉的完美演繹了。

一九四〇年代，另一個走到水邊的故事女主角面臨命運分歧點。她是藝旦采雲，可能與創造她的作家張文環一樣來自南部吧。城市擅於提供機會——采雲被收養到台北脫離貧家，從此衣食飽暖，甚至還能讀書識字，在大稻埕上班交友戀愛。但城市不負責保證幸福，收養她的也同時是騙她賣身、因而毀婚失戀的〈藝旦之家〉。

當薄霧籠罩的淡水河風中，傳來不曉得是日語或是台語發音的「淡水河沒有蓋呢。」采雲想起的，會是來台北前的貧困童年、與戀人共遊北投溫泉的歡愉、還是乾脆效法前輩桂花，奔往遠方新世界呢？談文弄藝的咖啡館、料理店，加上圖書、音符、墨水造就出的文學家也沒有提供答案。他們只是穿梭於三市街，以通往海外與生死交界的江水河岸為寄託，以片刻生命擷取歷史中的情感留存。城市仍在不同意識型態的執政者手中持續變化，造就歷史、也被歷史銘刻。但人有更多的經驗可以參照，在面對河水召喚時不用投身，而是正視所來處、記取望穿春風的過去，面向河口無盡開闊的未來。

張文薰

＊〈她將往何處去〉、〈沒落〉、〈十字路〉、〈秋信〉、〈命運難違〉、〈藝旦之家〉都是日治時期台灣小說的篇名，分別在本書篇章中將被引用出現。

推薦文

我們時常會稱某些事物很「潮」，代表流行、時尚，有格調，從香港來的語詞；近百年前，我們會以「摩登」來形容，是日本外來語所致。但不論潮或摩登，有些事物一百年來都是時髦的象徵，例如上咖啡店聊天聚會，到書店閒晃，到公園漫步……。本書以「案內所」這日本漢字表明某個時空，那個文藝茂盛，確認台灣文化主體的時代。卻依然可呼應今天。於是，對這群年輕作者群來說，雖是比祖父母之齡還長的過去，但透過田調踏查與訪談，並佐以大量歷史資料，以非虛構寫作的嘗試，仍能進行古今對話。其進行打造老台北的企圖，令人佩服。令讀者宛如置身當時庶民的平凡生活，也感受他們的國族之難。

——阿　潑（作家）

在眾多的台北城的歷史與懷舊寫作出版中，「百年不退流行的台北文青生活案內帖」硬是走出一條新路。作者除了使用歷史文獻之外，藉助其所嫻熟的眾多文學作品、歌詞與新聞等文本，以文學之筆調書寫，背後又明顯有著空間與社會理論的觀點。以今觀古、以古喻今，眼前的台北城似乎更加地鮮活起來。

——畢恆達（台灣大學建築與城鄉研究所教授）

讀完書，我有兩個深刻的印象。一是台大台文所的年輕研究者，探求虛構小說中的真實史地背景，以絕好的文學筆調，剖了心地去了解藝文前輩；不再只是在文句之間，行禮如儀的走步或有看沒有到的一瞥，而是穿越時空，此心與彼心的同感，因而寫出的台灣歷史篇章，更富深蘊，更堪咀嚼。

第二個印象是讀到像「蘿莉十年養成計畫」這種句子，那是新一代年輕人的語言。或許，歷史像遠方的一棵樹，不同世代觀看者站在不同的時間點，看見的樹影樹相必然不同。我很興奮看到年輕一代勇於使用自己的語彙和心靈，來觀看我們台灣的歷史。這次，他們團體展出，將來單飛獨奏時，必定更加大放光芒。

——陳柔縉（作家）

在台灣近百年的發展歷程中，文藝與文化知識青年一直是推動文化更新，最重要的一群力量，尤其在十九到二十世紀轉換的輻湊點上，各種紛至沓來的現代性話語與日常想像，我們看到他們透過怎樣重層的新興介面，轉化並完成了重要的在地實踐。世界太新，很多事物還沒有名字，他們不僅伸出手去觸摸，更為未來世世代代的文青，留下了探索世界的時代指紋。

——陳國偉（中興大學台灣文學與跨國文化研究所副教授）

本書是台大台文所兩位教師帶領同學結合研究與創作的課程實驗佳作，全書以文青之眼與筆，再現日治時代的台北歷史、社會面向與流行文化，其中涵蓋層面甚廣，不只引介摩登物質文化，同時也刻畫了時人對於自我身體慾望和理念夢想的追求。書中援引許多著名文學作家作品，以與歷史時空進行巧妙聯結，堪稱鮮明勾勒日治台北城市的風華與面貌，圖文俱佳，充滿青春氣息，台北頓時年輕起來，是一本會讓人忍不住想要親近的趣味書。

——黃美娥（台大台文所教授兼所長）

文學體制傾斜經年，台灣文學生產多限於個人抒情散文，即便小說亦偏重個人經驗範疇。《百年不退流行的台北文青生活案內帖》是從文學院出發的變革異聲，參與非虛構創寫工作坊的年輕寫作者們，以一年的課堂爬梳史料踏察現場，繳交這份時空偵查報告。十三道切片，重現日治時期台北的文化生活，清晰而動人。推薦給所有喜愛歷史普及出版與文學創作的讀者。

——黃湯姆（作家）

作為非虛構的文史書寫，這本書開創了一種運鏡流暢、活潑迷人的敘事方式，以文學、新聞、史料描襯時代底色，有限的視框聚焦於都會的知識青年身影，從生活細節中重現百年前的台北流行文化。彼時，恰是殖民治理的現代化建制高峰，皇民化鎮壓尚未隨著軍事擴張出現，從中國、日本而來的左翼進步之聲，或明或滅地衝擊島內思潮與行動，擺盪在抵抗與順從之間。百年不遠，這本書的選材獨特精巧，史料剪接不貪多也不求全，留下必有的城鄉、階級落差，以待來日更多元的庶民史拼圖。

——顧玉玲（社運工作者）

一、
時代的聲音

——台灣流行音樂
從這裡開始

美國品牌、日本老闆、台灣歌人，
台灣流行音樂打從一開始就是國際資本、跨國產業。

百年不退流行的 台北文青生活 案內帖

黃昏時分，在「台北銀座」榮町通（今衡陽路）的十字路口，霓虹燈為雄偉的菊元百貨勾勒出輪廓，沿路商家的各色招牌也紛紛亮起。這是日本人聚集的城內，不寐的商店街昭告了屬於三〇年代的繁盛。往路口另一條京町通（今博愛路）走去，悠揚的歌聲，在一排西式騎樓的陰影裡迴響：

雨夜花，雨夜花，受風雨吹落地，
無人看見，每日怨嗟，花謝落土不再回……

和周遭環境不甚搭調的歌聲來自日資的「古倫美亞」唱片公司門前的留聲機，播放的〈雨夜花〉是近期主力宣傳的新曲。這張唱片已經在全島銷售了三萬張，成功打開還不習慣聽唱片的台灣人市場。走紅的〈雨夜花〉，讓買不起昂貴留聲機的人，也忍不住親自跑來古倫美亞公司聽歌、學唱，因此唱片公司騎樓下總是聚集一群台灣歌迷，直到黃昏才戀戀不捨地離開。

聽歌人群漸漸從古倫美亞門前散去時，負責將唱片鋪貨到台北各地零售店的少年售貨員，也一個一個回到了公司。公司三樓是以台灣人為主要成員的文藝部，作曲人和歌手結束了一天的歌手訓練，走下二樓向社長栢野正次郎告辭下班，出城的路上，還在苦思如何創作更有台灣味的曲調。

這一條日本人群聚的摩登商店街，居然播送台灣大眾喜愛的台語歌曲，這樣的光景乍看令人愕然，卻絕非偶然。日籍商人和台籍樂人，跨越界限，共同以「創作台灣人的歌」為目標，這音樂的故事，得從電影說起。

電影宣傳新手法，催生第一首台語流行歌

一九三一年，中國電影《桃花泣血記》的首映日，「永樂座」劇場門前聚滿了人。前幾天宣傳車隊發送的電影「本事」（廣告單），上面印的不是平常的文體，而是七字一句的台語歌詞，此舉大為奏效，吸引了不少好奇的觀眾前來。

當時，戲院要為即將上映的電影宣傳，就是請車隊走遍大街小巷放送消息。這次代理《桃花泣血記》的片商和戲院決定來個新手法，聘人做了電影同名宣傳歌曲，歌手和樂隊隨車沿路唱奏、發送歌詞，這作法的確比過去的宣傳更加吸睛。

上海電影用台語歌來宣傳，已經夠新鮮了，再加上七字調、西樂隊，看似衝突的組合卻意外動聽。《桃花泣血記》的宣傳大獲成功，不只電影熱賣，主題曲也紅遍大稻埕，尤其開頭的幾句，街坊還真找不到不會唱的人：

人生親像桃花枝，有時花開有時死，
花有春天再開期，人若死去無活時。

大膽一點的年輕人，或是經常出入藝旦間的風流子弟，更喜歡哼上後面這幾句來調情：

文明社會新時代，戀愛自由才應該，
階級約束是有害，婚姻制度著大改。

電影藉著嶄新的手法獲得了成功，也跟著炒開了洋溢大稻埕的開放氣息。娛樂事業是新的、自由戀愛也是新的，大家都樂於探索新的可能性。新式台語歌成為襯托熱門電影的法則，剛起步的台灣唱片業於是也抓緊這難得的時機，大舉尋找歌手，要將歌曲製成唱片發行。

早在一九一〇年，日本最早的唱片公司「日本蓄音器」就已經在台北榮町設立分公司，而日蓄又代理美國唱片大廠

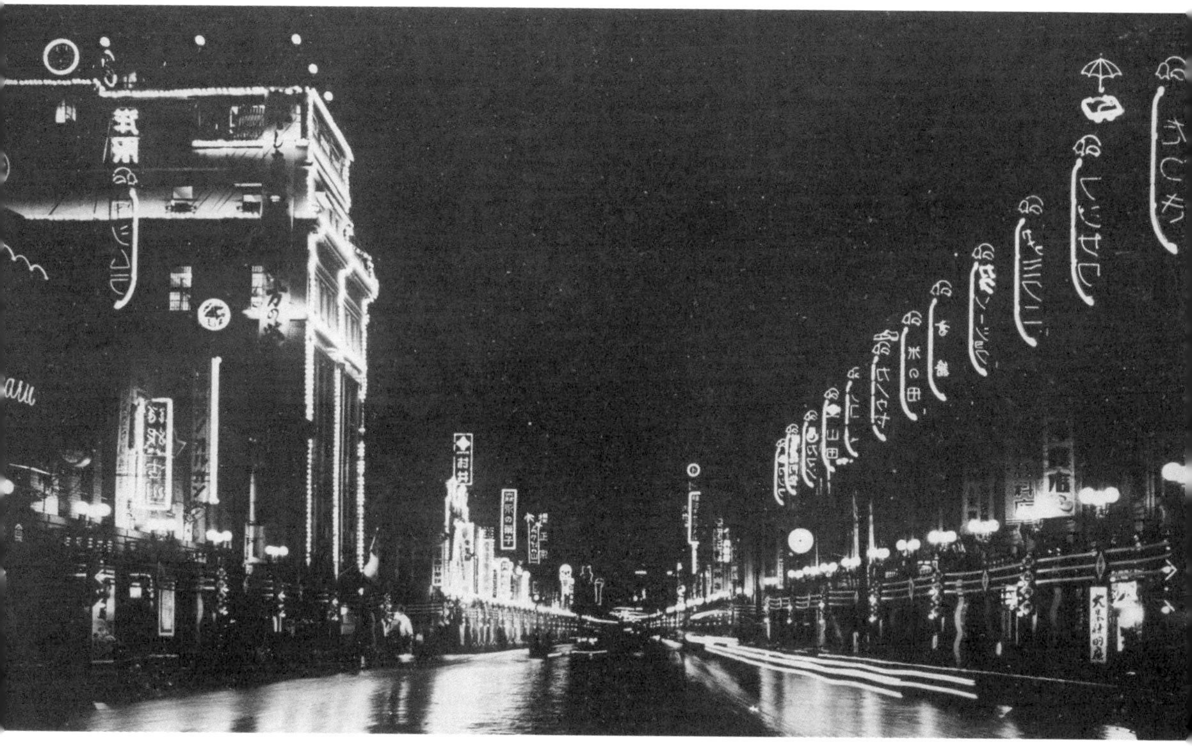

日本人群聚的榮町，繁榮程度有如今日東京的銀座，三〇年代榮町街上也放送台語歌曲，當時台語歌流行盛況可見一斑。（台大舊照片資料庫提供）

Columbia的唱片和留聲機，因此，日蓄代理的Columbia分部一九二〇年代正式在台灣成立，慣稱「古倫美亞」，社長就是栢野正次郎。栢野正次郎的經營方針並不侷限於代理遙遠的海外音樂，他一直渴望的，是找到屬於台灣本土的音樂，製作台灣大眾的歌曲。

想要讓大眾喜歡，當然不能是太過修飾、婉曲的唱腔。因此，新式的台語歌要有更自然、熱情的聲音來表達。《桃花泣血記》上映後，古倫美亞首先取得歌曲的代理權，為了找到親近台灣人的歌者，特地請了歌仔戲班出身的劉清香一試。大概因為年輕吧，她的唱法既見實力又不落於窠臼，新歌主唱非她莫屬，古倫美亞為她取了個時髦的藝名：純純。

透過電影的宣傳，《桃花泣血記》這張唱片終於攻進不習慣聽唱片的台灣人市場，純純離開戲台，走上歌星之路。

台灣人創作的第一首台語流行歌，就在電影與音樂這兩大新興娛樂的需求下催生了。即使主導的力量來自海外的

古倫美亞透過宣傳車四處放送最新發行的歌曲。（維基百科提供）

古倫美亞的廣告宣傳單。（維基百科提供）

大企業，但這顆吸收著台灣民間養分的種子，以其獨特的姿態迅速抽芽。

劇場會計一躍成為三〇年代最受矚目詞人

《桃花泣血記》上映隔年，永樂座上映的新片《倡門賢母》也採取相同模式宣傳。由於是無聲電影，需要樂隊伴奏和辯士講解劇情。上映當天，樂手背上樂器，辯士站上講台，古倫美亞當家歌手純純也在後台做好準備。劇場的會計李臨秋在台下看著，興奮不已。待會兒純純要為觀眾獻唱的電影主題曲，就是他作詞的處女作。

由於接受日本教育，當時台灣的知識份子多數更擅長於以日文寫作。李臨秋僅有公學校的學歷，前不久還是劇場會計兼差倒茶水，這回接下電影主題歌的作詞重任，大概震驚了不少學究。其實在辯士之間已在流傳，永樂座這個年輕人漢文底子好，要是講電影突然哪個字讀不出來，小心他冒出來提詞，辯士顏面會掛不住。

李臨秋個性豪爽，喜歡交朋友，在戲院工作不久，就受到辯士推薦為電影《倡門賢母》的主題曲作詞。結果〈倡門賢母的歌〉繼〈桃花泣血記〉之後大賣，李臨秋受到賞識，相繼得到古倫美亞、永樂座兩邊的委託，創作了台語版《倡門賢母》歌劇，又替下一部片《懺悔》寫作歌詞，成為風靡一時的詞人。

再不久，李臨秋終於收到正式加入古倫美亞的邀請，在一九三三年成為專屬作詞者。延攬他的，是比他略長幾歲的台灣人；文藝部經理陳君玉。

純正「台灣味」市場策略奏效，台語流行歌商機無窮

陳君玉原本是印刷廠工人，家裡連公學校都沒能供他念到畢業。他後來到中國一家報社工作，學會寫一手流利的白話文，幾年後回到台灣，開始在報紙發表詩歌小說，但仍須在印刷廠當工人。這時期恰逢台灣新文學論戰，陳君玉有閱歷和想法，文藝界也有交遊，但卻無暇全心投入文學。

一九三二年，陳君玉回到生長的大稻埕，發現新式台語歌流行起來了。幾年前古倫美亞也曾邀他寫詞，可惜不了了之，沒想到這趟回來，以前工廠的朋友也都寫起了台語歌。陳君玉於是硬起頭皮寫了幾首歌詞，想要毛遂自薦又覺難堪，只好託人將作品送進古倫美亞。古倫美亞的栢野社長這時剛好也在盤算，台語流行歌商機應該已經成熟，所以一定要趕在同業之前，一舉搶下這個市場。

那時想要製作高品質唱片，台灣的樂隊和錄音設備水準都不夠，各廠商都要到東京去找音樂。栢野正次郎卻是專注開拓有市場的「台灣味」，他聘舊詩人作詞、找藝旦演唱，成果都是僵硬晦澀，與他期待的「流行」還有一段距離。

日治時代映畫館內部。台語歌的流行，肇因於以台語歌詞入電影宣傳歌曲，一舉成名，揭開台語流行歌黃金時代的序幕。（台大舊照片資料庫提供）

栢野於是改變策略，向民間廣泛徵求作詞人。無論是江湖走唱、公司職員，甚至是工廠黑手，只要有興趣，統統鼓勵創作通俗歌詞。

〈桃花泣血記〉的大成功雖然引起各家唱片公司蠢蠢欲動，但栢野經過〈倡門賢母的歌〉、〈懺悔的歌〉的驗證，比他們更快一步拍板，決定大量發行新式台語流行歌。他手上欠缺的，就是寫曲作詞的創作及演唱人才。

陳君玉把作品送上古倫美亞，正巧就是時機點。他成了栢野最需要的、熟知民間的眼睛。

台語流行歌大膽唱出年輕男女對自由戀愛的嚮往

栢野於是在古倫美亞公司的三樓增設文藝部辦公區和練習室。在這裡，陳君玉延攬的歌人密集創作歌曲，訓練演唱技巧，討論對流行歌的理想。大家雖然背景不同，卻可說是三〇年代實力最堅強的音樂人陣容。除了初試啼聲的李臨秋，還有在其他唱片公司發表過作品的新人，例如鄧雨賢、周添旺，以及擔任演唱的純純、愛愛等人。

經過半年的醞釀，古倫美亞文藝部於一九三三年九月帶著剛練習完畢的近百首新作、改作的台語流行歌唱片，搭上了前往東京的輪船。

這一批唱片獲得空前的成功，台語流行歌的市場從此被古倫美亞壟斷，幾首傑作銷量甚至達到四、五萬張，包括李臨秋作詞的〈望春風〉、周添旺作詞的〈月夜愁〉、陳君玉作詞的〈跳舞時代〉，而這一首一首歌曲，都由純純演唱，由鄧雨賢譜曲。隱身幕後的鄧雨賢，積極以西洋音樂的知識挖掘民間歌謠之美，確實開創了台灣人的曲調。

仔細聽純純的歌聲訴說了什麼吧。時而在夜裡浮想連翩，時而難忍相思而癡癡守候在三線路，時而自詡逍遙自在而鼓吹社交公開。台語流行歌大膽唱出年輕男女對自由戀愛的嚮往，喚醒了一種屬於新時代的心靈。最流行的〈望春風〉，現在聽起來仍然相當熱情積極：

想欲郎君做翁婿，意愛在心內，
待何時，君來採，青春花當開。

一群民間出身的文藝音樂愛好者，匯聚在古倫美亞文藝部，藉由純純的歌聲，唱響了台語流行歌的黃金年代。風靡台灣人的台語流行歌，舞台也開始由本島人基地大稻埕，移往摩登繁榮的城內。

文明啟蒙的厚望，寄託在詞曲之間

這一天傍晚，古倫美亞在太平町「波麗路」西餐廳訂了位，準備為新曲熱賣舉辦慶功宴。聚餐時間已近，幾位歌人分別從家中出發，癡性未改的鄧雨賢八成還沒放下手上的曼陀林，李臨秋可能正規畫如何在正職之外挪出寫電影劇本的時間，而剛升上文藝部長、替公司本期最暢銷唱片〈雨夜花〉作詞的周添旺，應該是今晚最受矚目的人物。

才從城內的台北放送局（今二二八紀念館）離開的純純、愛愛兩位情同姊妹的當家歌手，剛結束每週一次的電台演唱，談笑走過拱廊屋簷，穿越新公園到大路上招了輛人力車。途經榮町通，滿街霓虹燈一一亮起，打著紅色蝴蝶結的古倫美亞，是其中最醒目的招牌之一。

台語流行歌蔚然成風，放眼唱片市場，卻沒有一家足以威脅古倫美亞。日本大廠「勝利」據說嘗試和台籍音樂家接觸，但短時間也無法籌組夠強的文藝部，台灣人經營的「泰平」、「博友樂」，同樣沒有實力可以爭鋒。人才是唱片界最稀有的籌碼，挖角大戰隨之展開。為古倫美亞籌組文藝部的陳君玉率先藉機辭退，轉往博友樂唱片。

這時的台灣，文藝運動正是熱絡。廣受大眾歡迎的台語流行歌，也被文人寄予在第一線啟蒙文明的厚望。一九三四年全島文藝大會在台中召開，全台各地抱持進步思想的畫家、文學家、歌人，無分彼此思想派別，共同成立「台灣文藝聯盟」。以歌人為業、兼具文人理想的陳君玉，也與境遇相似的朋友出席盛會。滿懷啟蒙大願的他們，正想把文藝熱血灌到唱片市場裡面。即將到來的台灣文化激戰，也被攪得更加混亂。

有史以來第一屆、也是唯一一次的全島歌人大會

台灣文藝聯盟成立前，在台北的陳君玉就和友人郭秋生、廖毓文等人共同成立過「台灣文藝協會」，斷斷續續出版過《先發部隊》和《第一線》兩期雜誌，傳遞著「文學是大眾的」、「不可墮落於挑情感傷」等文藝理想，也期望台語流行歌能夠多採集些傳統的曲調、多創作些啟迪民智的作品。這種理想延續到台灣文藝聯盟的機關刊物《台灣文藝》，一些兼具歌人及文人身分的熱血青年，像陳君玉，就常在詩歌欄發表新作，有些還灌成唱片。除了多賺一份稿酬，「散播文化思想」才是真正目的。

活躍的文藝運動深化了台語流行歌的內涵。創作者在雜誌獲得廣闊的實踐與討論空間，流行歌的商機也為創作者抒解了一些生活壓力，雙方互惠互利，似乎是完美的發展。擁有唱片實務經驗的陳君玉，希望達成的台語流行歌改革，不只是作詞而已，更要讓啟蒙的精神全面擴及到作曲、演唱層面。

一九三五年的二月初，在純純經營的「巴西」喫茶店裡，陳君玉等人召開了一場專屬歌人的懇親會，一來聯絡感情，二來琢磨作品，出乎意料一口氣來了二十餘人，話題也愈講愈熱烈，最後並做出一個結論：號召各地流行歌從業人士組織「全島歌人大會」。

事情進展得很快。三月底，全島歌人大會的成立典禮在太平町的「奧稽」沙龍三樓舉行了。五十位出席者推舉陳君玉為歌人大會的議長。歌人們在會中各自表達對於台灣傳統音

樂、社會現象的考察與願景，期待找到一種屬於台灣人的精神，以他們熱愛的音樂創作來澆灌，讓這份精神在殖民的土壤生根發芽，不要再被摧折。

可惜，這是台灣流行歌壇的第一次大型聚會，但也是最後一次。全島歌人大會的貢獻，實在不易定論。第二次大會始終難以召開，歌人們等不到理想實現，戰爭的腳步聲就來了。繁榮的時代走到了大限，不管是台灣人的精神或時代的流行，都同樣失去生長的光和水，開始迅速枯萎。

戰爭腳步壓抑流行歌聲

歌人起落來去，台語流行歌版圖幾經消長，古倫美亞已不再是獨占市場的老大。一九三六年七月，總督府頒布「台灣蓄音器唱片取締規則」，重重打擊了台灣音樂的發展。任何歌曲只要有嫌疑造成「治安危害」、「風俗紊亂」，總督府都有權禁止發行，即使主流、靡靡的男女情愛歌曲都可能遭殃。

審核制度增加了唱片發行的成本與風險。唱片送審必須往返台北與東京兩地，唱片的發行日期更難掌握，銷售宣傳更難計畫。台語流行歌的大餅變成燙手的鐵餅，日資為主的唱片公司也無意繼續與總督府頑抗，紛紛減少台語唱片的出版。

男性歌人紛紛另找謀生之路，女歌星純純也不再將未來寄託給演唱事業，只圖找個理想的丈夫早早成家。但諷刺的是，即使唱紅這麼多激發文明、開放性別的歌曲，純純卻終究被當成賣唱的輕薄女子，難以對上好人家的門戶。

歷經幾次情路波折，純純好不容易嫁了一個日本人丈夫，不過她卻沒有從此就過著幸福快樂的日子。為了養活家庭，純純只能再度唱歌，愛情的滋潤曾一度使她的歌聲更加甜軟，但是丈夫罹患肺癆，純純不顧身邊所有人的反對，仍然盡心呵護這段得來不易的愛情。

純純的付出並未如願留住丈夫，自己甚至也感染當時無藥可治的肺癆，歌喉隨之大受傷害。一九三七年，純純撐著肺癆第三期的嗓子，簽下日東唱片的合約，演唱新歌〈送君曲〉。配合戰爭的時局，這首道別曲並不是單純意愛的情歌，而是送君出征的愛國歌。日漸憔悴的純純闔上她的眼睛，不看因戰爭而凋敝的台灣，不看逐漸失去活力的歌人與唱片公司，一心一意地，吐出她與君訣別的唱詞：

火車慢慢欲起行
一時時酸味出聲
正手舉旗，倒手牽子
我君仔……

台灣人的精神透過台語歌傳唱至今

戰爭擴大，「皇民奉公會」在一九四一年成立。總督府想要更有效地宣傳戰爭，改編了最深植台灣人心靈的幾首流行歌。〈望春風〉被填上新詞，改名為〈大地在召喚〉，〈雨夜花〉、〈月夜愁〉分別成為〈榮譽的軍伕〉和〈軍伕之妻〉，全都在頌揚從軍的美好。不久之後，總督府決定更嚴格管制演劇、音樂活動，自此再也沒有填上台語歌詞的曲子出現，台灣的音樂終於徹底被戰爭的陰影掩蓋。

這時的鄧雨賢已辭去古倫美亞的工作，回到新竹鄉下躲避戰禍，重執教鞭，勉強維生，原本身子就不算硬朗的他，健康狀況愈來愈差。

創作機會完全被扼殺的李臨秋，靠著其他工作養家，陳君玉教北京話度日，栢野還不死心在為古倫美亞尋找活路，純純無聲無息嚥下最後一口氣。

過去在台北活動的歌人都已四處流離。有人遠嫁日本，有人逃到香港，有人收起樂器回鄉下當警察，也有人仍舊背著樂器隨賣藥班流浪討生計。

有些歌人不甘寂寞，在禁止發行唱片的那幾年，時不時鑽進茶館，抓著店裡的女給，硬要教她們學唱自己做的歌曲。但即使有誰學會了，也沒人再有傳唱的閒情逸致。「流行」已一去不返。

一九四四年，鄧雨賢因病逝世。參加告別式的學生想起這位先生雖然嚴格，卻會在操場和他們講故事、拉著手風琴教他們唱自己寫過的歌，忍不住也掉下眼淚。

鄧雨賢教給他們的是〈雨夜花〉。這曲旋律原本是為一首童詩所譜，後來被周添旺以煙花女的命運填詞而成了流行歌。但這批學生從鄧雨賢身上聽到的，卻已經是改成軍歌的〈雨夜花〉了。要到多少年以後，他們才能聽到這首歌原來的樣子呢？

一九四五年，美軍大規模轟炸台北，繁華的商業區成為戰火的標靶，古倫美亞公司被直接擊中，熊熊的火焰，濃濃的黑煙，正是來自一樓收藏的唱片。亂世裡人人自危，誰還有餘暇感慨，曾經絢爛一時的台語流行歌時代，正式化為灰燼。

盛世一夕迸生，轉眼又為大浪淹沒。這段歷史的無數張唱片，就這樣流落民間。即使物質的存在被摧毀或散佚了，在不斷流轉的時代中，這些歌曲依然在歷史的關鍵場合出現。七〇年代，無論是號召「唱自己的歌」的李雙澤、為黨外造勢與社會公益獻唱的楊祖珺、到被譽為「平民歌后」的鳳飛飛，都透過三〇年代的這些台語流行歌，撫慰台灣人的心靈。

後來，困惑於「什麼是我們的歌」的台灣人，便悠悠唱起〈望春風〉和〈雨夜花〉，一九三〇年代尚未完成的「台灣人的精神」，終於實現。

一九三五年，為慶祝始政四十週年舉辦台灣博覽會，遊行隊伍經過京町通，即今日的博愛路，右側的建築立面可以看到古倫美亞的招牌與廣告。（台大舊照片資料庫提供）

三、台北變裝秀

——什麼腦袋，穿什麼衣服

一切的端莊、火辣、保守、前衛，都被包容，
人們自由地展示萬千姿態，百年前如此，
今日猶是，台北，便是這樣一座城市。

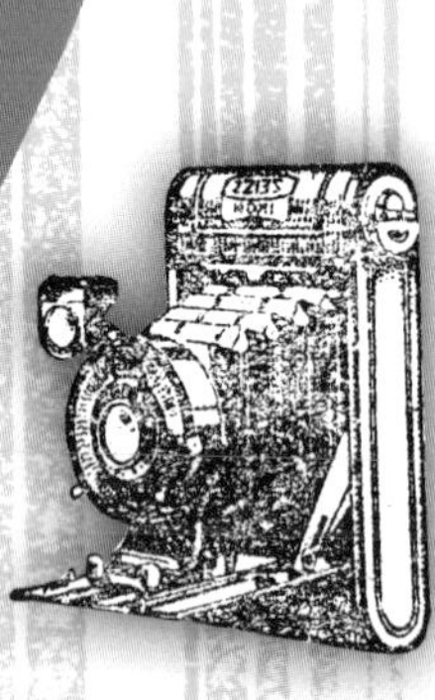

時屬春日的一九一一年二月十二日，天氣晴朗，暖風怡人。大稻埕公學校禮堂，十數位有頭有臉的台北仕紳，身穿馬褂長袍坐成一排。他們彼此寒暄看似平常，眼角餘光不時飄向時鐘，隱隱有一股不安。

九點的鐘聲響起，仕紳全部坐直身子，脫去帽子，亮出一排薙著黝黑辮髮的頭顱，迎著手持利剪、從容向前的剃髮師傅。仕紳難掩不安之情，有人雙眼緊閉，有人手心冒汗，只能感受著頸後的剃髮師撈起辮子，然後，咔嚓、咔嚓、咔嚓、咔嚓、咔嚓……。

這個劃時代的「斷髮不改裝會」，任務順利完成。仕紳睜開眼，看著前朝的、過往的、傳統的三千煩惱絲脫離己身，橫陳地面，心中百感交集。薙辮已成散髮迎風飄晃，搖曳而失落，但在失落中卻又有擺脫束縛的自然自適。他們的心中，響起主辦斷髮不改裝會的台北士紳黃玉階宣讀開幕詞的聲音：

> 環球五洲之大，其未斷髮者惟支那及朝鮮而已，今則斷髮之風潮已漸澎湃，誠欲取世界之大同也，台灣顧可獨異乎。

跟上了世界潮流，士紳總該感到喜悅。不過剪去薙辮的新頭頂，搭著一身長袍馬褂，怎麼看，都不相襯。即便黃玉階早就說明，優先剪斷辮髮、暫時不改服裝，是因為「顧此斷髮不改裝會，其主旨原為經濟起見，若遽改裝，竊恐經濟不良者，服易頗為難事。」

眾士紳心裡可能已經想起位於城內的山田洋服店了。山田店長為了迎接斷髮風潮的來臨，搶先打出宣傳口號，「斷髮客戶九折優待」。既然衣裝的改變已經從「頭」開始，其他服飾打扮，恐怕也必須徹頭徹尾，與時俱進。台北人的現代服裝革命，就在這咔嚓咔嚓聲中，開啟了往後數十年的潮流風浪。

喀擦斷髮聲，開啟台灣多元穿搭流行風

士紳黃玉階主張的「斷髮、不改裝」有其道理。日本殖民台灣已十餘年，斷髮的人數逐步增加，不論是迎合政策、追求文明，或單純地跟隨時勢，斷髮潮流已無可抵擋，身為文化運動發源地的大稻埕尤其首當其衝。但是，斷髮一刀就解決，改裝卻牽涉錢財生計。當時，一套中國傳統的馬褂褲衫，低廉的只要一圓，五圓就是好貨，但西裝一套卻動輒二十圓起跳。以當時一般文官月薪約二十到三十圓來看，尋常男子恐怕打再多折扣也只能遠觀。因此，不改裝確是經濟上的必要權宜之計。

頂著沒有辮子的髮型，心理上又是如何呢？硬要搭配中式長袍馬褂或台式長衫褸褲，怎麼看都怪異。變髮的男人，順理成章就成了台灣第一批勇於嘗試現代西式服裝的先鋒隊。

當然有人始終堅定選擇台灣布衫。例如台灣文學之父賴和。朱點人就曾經這樣形容賴和的服裝風格，「不好修飾，所穿的永遠是台灣衣服，如果台灣也說得上一個『魂』字，那

我就要稱他是『台灣魂』了。」朱點人小說《秋信》裡創造的前清秀才「斗文先生」，直到一九三五年台灣博覽會時還一身「黑的碗帽仔、黑長衫、黑的包子鞋，嘴裡咬著竹煙炊，尤其是倒垂在腦後的辮子……儼然鶴入雞群」。其他像是台灣民族社會運動領導人林獻堂、漢詩人洪棄生，留影在寫真中的身姿，也多以台灣傳統衫服流傳至今。

但是一九一〇年代陸續剪去薙辮的一般男子，多數無法一出手就直取高貴的全套西裝，只能窮則變通，勉強先由入門款或配件入手。比如長袍搭西褲、棉襖搭圍巾、馬褂搭皮鞋，或者一身古意卻配著草帽遮陽光，或拄個手杖展威風，盡可能

斷髮之後，青年紛紛戴起帽子，西裝皮鞋隨之換上，十分西化。（台大舊照片資料庫提供）

斷髮鼓吹者黃玉階醫師。（台大舊照片資料庫提供）

在傳統漢式服裝裡「混搭」一些西洋風格。

陳虛谷在一九三〇年代的小說〈榮歸〉裡描寫留日青年衣錦還鄉的穿著，「一件很時式的洋裝，結著一條色彩艷麗的領帶，眼常注視著磨得很光亮的黃皮靴」。同時代王詩琅的小說〈沒落〉，描述在左翼運動中敗陣的青年面臨理想褪色的衝擊，眼看榮町通（今衡陽路）上穿梭的年輕人都是「摩登瀟灑的雪白絹袖服，蝴蝶型的領帶，白鞋的青年紳仕」的太平景象，更加懷疑在革命中犧牲的價值。這些或可稱作華美現代的街頭剪影，就是「斷髮不改裝」開啟的台灣服裝革命之後二十年的未來圖像。

沒有時尚節目、沒有穿搭教學，整個社會容許混來搭去，大家各靠自己的美感、經驗來嘗試，畢生沒摸過針線的男生，就這樣創造了台灣服裝的「多元風景」。也在這時，那些原本正經八百、滿口大事的男人在高談闊論之際，或許也不免會偷瞄對方的布料行頭，打量彼此的穿衣打扮吧。

學校制服是男孩女孩第一件西式服裝

斷髮改裝在男人之間風流，女性隨後也因為纏足束縛的解放、新式教育的擴張，漸漸突破家庭小生活圈，在學校、職場開展更多社交生活。不消說，女人的穿衣打扮就更多姿多采了。

沒有錢買整套的西服，只好從配件入手，東拼西湊混搭一番也能自信上街。（廈門攝影工作室）

日治初期的女性穿著，也和男子一般混搭，比如傳統襟衫搭西式長裙、皮鞋配中式褲裝，在一九一〇年代時常可見。不過，新式教育也啟蒙了服裝概念，那時的年輕男女第一件穿上的西式服裝，多半就是學校制服。線條筆挺、釘上銀質鈕扣的中學制服，綴著白邊、別上領結的高女水手服，再提個西式書包，走在路上絕對有風。

在學校，女生不只孕育了穿搭品味，也學習了設計服裝的才能。當時學校教育仍以「賢妻良母」的理想形象要求女學生，家政教育占了課程的三分之一份量，不論是和服、洋服，女孩不僅要學習裁縫，甚至刺繡、編織、造花、選布、製衣，樣樣都來。不少女生更繼續自修學藝、深造留學，之後成為獨當一面的職業裁縫師。

日治中期以後的一般女性，面對市面上的挑布、裁衣，都已經頗有sense了。王詩琅一九三六年的小說〈老婊頭〉中，即使非上層社會的女主角瓊珠也懂得穿著「米黃色短袖洋裝，歪戴著帽子」，也能夠看到貨架的一匹布就轉換成腦海中理想的「一領長衫」。

菊元百貨開幕，女性穿搭品味迅速升級

讓女性穿搭品味更上層樓的轉捩點，該屬一九三二年的冬天，台灣第一家百貨公司「菊元」在十一月二十八日開幕。經營者重田榮治乘著一九三〇年代台灣經濟轉強，看好民眾的購買力，創造了菊元百貨的傳奇，見證了台灣女性流行品味的升級，連台北的寒風也不

敵這股時尚熱潮。

菊元百貨在城內榮町，入夜後霓虹閃爍，一樓除了資生堂、武田等化妝品專櫃，散發美的氣息，外頭的華麗櫥窗裡，模特兒不時更替展示的新裝，以及巧妙搭配的飾品行頭，更是時尚女性必看。一九三〇年代女性流行資訊也透過雜誌等管道發散開來，女性雜誌《台灣婦人界》裡就常有穿著各種新式服裝，搖曳生姿的女子，一件件旗袍洋服包裹著玲瓏曲線，形塑了指標性的女性形象。

但是活在菊元、雜誌的流行資訊氛圍裡的女子，她們的時尚生活，並不像今天在門市挑選、試穿、結帳那麼簡單。日治時期女性若要實現心中的理想衣裝，必須考驗她們創意、美感與手藝。比起男生只發展出「穿搭的自由」，有

菊元百貨宣傳海報，優雅的仕女形象深植人心。出自《台灣婦人界》雜誌一九三六年六月號

了服裝技術支援的女生，更是進化到「設計的品味」，也發展出比男性西服更多采多姿的風景。

一九三〇年代《三六九小報》登載一篇陳惠文的短篇小說〈裁縫匠的玩物〉，描述兩名在榮町踩街的女子，著實就是當時著迷於裁縫訂製店的時代女性的化身，她們典型的造型，是「鬈曲的雲髮，飄散在兩肩。身穿一件藍地白花軟絲絨的夾旗袍，四周鑲著時新的花邊。襟上繫著一朵鮮花，足踏金黃色高跟鞋。」走在時代尖端的流行服裝，正是青年男女街頭最美麗的邂逅。

南街是流行勝地，時尚謬思之源

現今迪化街所在的「南街」，更是台灣女性服裝消費的聖地。有別於日本人口比率超高的城內，本島人更愛在本地商家眾多的大稻埕南街漫遊購物。

新式教育大大提高就業，女性因此有了經濟自主的機會。南街搭上了這股趨勢，新潮的咖啡屋、喫茶店、布店、服飾店比鄰而開，在咖啡屋點一杯飲料，聽著留聲機流瀉出〈雨夜花〉的悠揚樂音，對著女給（服務生）入時的洋服或旗袍品頭論足，價格不貴就能享受現代文明的小奢華，難怪南街蒸騰的人氣更勝菊元。

南街短短幾百公尺，有近百家的布店、裁縫店，是日治時期全台灣時尚的繆思之源，什

裁縫是女性在學校必修的基本課程，不但讓她們精進自己的衣飾品味，也為她們帶來經濟能力。（台大舊照片資料庫提供）

當時已有展示衣飾的模特兒，不過因為教育風氣和大眾媒體尚不發達，還沒有「名模」產生的條件和背景。（台大舊照片資料庫提供）

麼布料、什麼配件都買得到，什麼款式的衣服都做得出來。

一九四〇年代的作家山川不二人，在他的小說〈女心秋空〉裡透過日本人的眼光，描寫了大稻埕南街年輕男女的消費生活樣貌：

名為「嶄新洋裝店」的店家，光線並不十分明亮，深處垂吊許多長衫，下面還擺置防火用的水杯。穿著台灣服的老婆婆用台灣話前來招呼，但卻無法溝通，於是頸上掛著褐色捲尺、長得一付木屐臉的男子也出來招呼。原來她是熟客，瀏覽著附帶布料的樣式本，翻了兩三頁，無法決定地問我「那……哪一種好呢？」

本島女孩在男性敘事者的陪同下，進到洋服店，面對眾多款式的左右為難，這種場景一百年後依然不變。即便店面不像日本內地那樣明亮華麗，但已經足夠讓本島女孩前仆後繼、樂此不疲。繽紛的洋服、喜氣的婚紗，都是女孩自己親自參與設計、討論、訂製的藝術品，她們不絕如縷地走過那數十家布行、裁縫舖，一字排開的店員殷勤地在店門口等候他們忠實的顧客。逛街、挑布、做衣服，女孩的苦惱嬌嗔，男孩的應和陪伴，應該就是南街的愛情模式吧。

一九三〇年代的台北女子時尚生活，遠遠超越男性開啟的洋風。女子動輒訂製一件當季最夯的連身洋裝，或者一件風靡上海的新式旗袍，再搭上一雙高跟鞋，為了每個週末的約會宴會做足準備。這些俗稱黑狗、黑貓的潮男美女，爭奇鬥艷走在南街上，具足戀愛、享樂、歌舞、青春等一切世間的美好，而嚴肅的、殖民的、壓迫的歷史，在皮鞋、高跟鞋的印痕裡，只是輕輕揚起的塵煙。

華服外表下藏不住微妙的階級身分認同

輕煙過去，煙硝火砲來到。一九三六年日本愈來愈往戰爭陷落，台灣總督府也在殖民地推動更嚴苛的統治，藉著約束布料及服裝樣式，使國民身體、精神都合於規範，是其中一個重要環節。

台灣軍司令部於是設立「服裝協會」，鼓吹「國防色調」的概念，推行系列服裝。例如適合草地跑走的褐色粗服，印著飛機戰鬥機圖案、「以天空為傲」的浴衣，並借用菊元百貨的櫥窗展示以利推廣，還要求洋服店聯合舉辦「國防色調服裝展示會」。一九三八年總督府又推動「國語家庭」政策，鼓勵台灣人穿著和式服裝，包括和服、浴衣、木屐等。

然而，受過一九三〇年代服飾百花齊放洗禮的台灣，怎會接受總督府要求的暗沉色調、和式樣款？況且工序繁複的和服昂貴異常，非富貴人家無法負擔，燠熱的台灣天氣也令人難以忍受三層厚重衣料，即使是較便宜的浴衣，也因行動不若洋服和台灣衫俐落，而少有人穿著。因此雖然街頭有一些配合國防色調、和式服裝政策的男女，但數量並不多。

不過，日治時期的台灣人，也不乏愛穿和服的人家。這些多是接受文化薰陶的富裕家庭子女，衣服內側其實承載著沉重的身分壓力。例如，留學日本的葉盛吉在自傳式作品《雙鄉記》中誇讚「和服實在好。……使人心胸雄大，充滿力量。……過去我的那種受壓抑的心情，也多少好轉了。」這其實是一種複雜詭譎的心情，彷彿和服可以將置身異鄉的哀傷、不平、歧視抹去。仕女膠彩畫聞名台展的奇女子陳進，也是富有家庭出身，每每堅持穿著和服出席重要場合以表示身分地位。這種一層一層的華麗，恐怕並不是流行，也不是強迫，而是微妙的自我階級認同的展演。

國防色調、國語家庭政策，在一九三〇年代後期的台灣成效有限。日治末期的台灣，除了殘留傳統布衣的台灣衫，一般人的穿著以洋服居多，夾雜少數象徵著階級身分的和式服裝，以及上海紅透透的新式旗袍。如此多元的服裝樣式，新潮的黑狗黑貓要上街，心中難免自問，今晚要穿什麼才能逛得自在自由隨心所欲？

前線戰事吃緊，後方穿衣大事也令人緊張

太平洋戰爭一九四一年開打，總督府彷彿不死心的商人，再度促銷「本島婦人服的改善」、「七七禁令」等服裝規範，包括一系列的改良衣飾，軍裝樣版的國民服、配合台灣氣候的改良式和服、廉價耐穿且活動方便的燈籠褲。布料以軍用優先，布匹衣料價格凍漲，

西裝、洋裝乃至於禮服皆納入控管。

衣料來源突然受限，自然不能想訂製什麼衣服就能如願，這使得已習慣多元服飾的台灣人陷入了掙扎。無論在南街的布店、菊元的櫥窗、甚至艋舺的服飾店裡，男男女女開始捫心自問：我到底要訂（穿）什麼？

西裝、長衫、改良旗袍仍是不少人的選擇，不過有人終於順著政治局勢換上國民服，陳火泉的〈道〉裡頭描述的那種「體格魁梧，高個子身形結實，濃密的鬍子理得乾乾淨淨，穿著一襲新作的國民服，十分合身」的男子漢形象，自有其獨特的迷人之處。也有人像《陳夫人》裡的清子穿著「長垂袖和服，是紫色底有菊花的花樣，繫著金銀織錦，有輪形紋章的華麗衣帶」，也被認可深富優雅氣息。

嚴酷的軍事行動，使得許多在台灣的日本人被迫換上軍裝送上戰場，大多數不上戰場的台灣人便留在台灣，將和服、浴衣、燈籠褲、國民服，再納入洋服、長衫、旗袍的服裝世界。小小的島嶼新舊、中西並陳，交織出極為多元的衣飾時空。

一九四五年夏天，日本戰敗，台灣政權移轉到國民政府手中。中山裝開始大搖大擺走進來，漢語姓名重新被召喚，標準國語成為新的約束，急著去除日本化的各種律令雷厲風行，那些和服、浴衣、國民服、木屐、櫻花簪，也只能收進衣櫃深處，牢牢關緊。

今天的台北，穿衣幾乎已百無禁忌，各種款式都有人擁護，其實一百年前的台北也是如此。那頭捷運出口吞吐著一個個西裝筆挺的上班族，街頭轉角卻也能瞥見唐裝翩然的長者、過馬路的ＯＬ一身套裝、一旁等車的卻是穿著性感水手服的辣妹。台灣便是這樣的島嶼，一百年前至今都如此包容著一切的端莊、火辣、保守、前衛，在這片土地，人們總能自由展示著自己的萬千姿態。

日治時期的大稻埕，市街上布店林立，男男女女來此遊逛，選布訂製最新時裝，同時展現自我，萬千姿態在此綻放，繁華非凡，宛如台北的時尚伸展台。（台大舊照片資料庫提供）

三、公園生活

——現代生活的櫥窗，潛藏殖民的騷動與哀愁

公園不只是現代生活的指標，也是自由戀愛的場所，
更是展現新時代庶民蓬勃生命力的場域。

通常六點起床、七點到校的新竹公學校訓導主任黃旺成，一九一六年四月十五日這天，四點多就早早起來梳洗，匆匆趕赴新竹驛，在四年級以上一百七十名學生慢慢集合完畢後，搭乘六點二十分準時開動的火車北上，展開兩天一夜的修學旅行。

修學旅行的主要目的，是參觀總督府舉辦的始政二十週年勸業共進會。不過比起這冠冕堂皇的名義，對一百多名小學生來說，大概出去玩才是真的，尤其是去台北玩。到台北哪裡玩呢？說來有趣，整趟修學旅行，除了勸業共進會之外，只安排了兩個行程：圓山公園和台北新公園。

可別小看公園。不只這所新竹公學校，日治時期幾乎所有的修學旅行、私人參訪，不論台灣人、內地人甚至從更遠的海外前來，只要到台北觀光，圓山公園和台北新公園都是絕對不可錯過的景點，就好像今天的台北一〇一。

我們可能很難想像，不過是林蔭花草的廣大空地，究竟有何迷人之處？其實在一百年前，公園的內涵遠比現代豐富，公園，可以休閒娛樂，卻不只可以休閒娛樂。

圓山公園、動物園，百年前全台出遊最熱門景點

一八九六年，在台北廳知事橋口文藏提議下，基隆河濱的大日本帝國陸軍墓地，被改闢成台灣第一座公園，也就是「圓山公園」。儘管以公園為名，但初期只有權貴官員能享用，

台北公園裡的音樂堂經常舉辦戶外音樂會，是日治時期台灣音樂發展的重要場地。（台大舊照片資料庫提供）

台灣博物館是台灣第一任總督兒玉源太郎和民政局長後藤新平於一八九九年設立，一九一五年改建為巴洛克式的建築風格。（台大舊照片資料庫提供）

並不容許市民大眾公開進出。

日本政府眼裡的圓山公園，可不單純是依山傍河的納涼地。圓山公園，還是近可仰望神道信仰的神聖空間。如果以公園旁黑瓦飛簷的臨濟護國禪寺為起點，穿過明治橋，沿著劍潭山麓一級一級石階朝上，終點的台灣神社正是日本統治台灣時期位階最高的神社。

一八九七年底，圓山公園終於開放市民使用。沿著河散步，觀賞迎風爭放的紅白蓮花，或是坐在樹下乘蔭，成為台北人的一件樂事。愈來愈悠哉的公園因而又吸引到了更休閒的設備。

一九一三年底，日本人片山竹五郎率領馬戲團「大竹娘曲馬團」到台灣

明治橋連通台北市區和圓山公園之間的敕使街道，直抵台灣神社。（台大舊照片資料庫提供）

台灣神社，建於一九〇一年，主祀北白川宮能久親王，一九四四年升格為台灣神宮，現址為圓山大飯店。（台大舊照片資料庫提供）

（52）

表演，途經圓山美景，決定買下坡地，開設了一座私人動物園。一九一四年，片山竹五郎的動物園開始營業，有義大利的孔雀、印度的火食鳥、澳洲的袋鼠等珍奇動物數十隻。隔年，經營得有聲有色的動物園，被台北廳收購，並且擴大規模，於一九一五年改制為公立「圓山動物園」，開放距今剛好一百年。

除了外來動物，園內還保育許多本土特有種，包括台灣獼猴、雲豹、梅花鹿等等。當時最受歡迎的是紅毛猩猩「一郎」，一郎以擅長模仿人類表情著稱，印有其照片的繪葉書是最搶手的紀念品，名氣之大，甚至遠在大阪的天王寺動物園也封其為「東洋第一」。

橫越基隆河面的明治橋，風光秀麗，曾在一九二七年入選為台灣八景之一。（國家圖書館提供）

不像現在多半只能隔著柵欄，日治時期的圓山動物園，繼承馬戲團的傳統，常舉辦動物表演。這些表演活動，簡單的有猴子騎單車，另外也會有「慰靈祭」，這是為悼念告別世間的動物朋友所做的法事。主祭官是身披紅色禮袍的大象，被口誦經文的小朋友包圍，面朝祭壇跪拜燒香，過程肅穆莊嚴。還有命名投票、寫生與攝影比賽、以各種動物為主題的博覽會。

一百年前，再沒有比圓山公園、動物園更適合修學旅行或全家出遊的地方了！

猩猩一郎君是日治時代圓山動物園的人氣王，受歡迎程度比起今天的無尾熊、貓熊絲毫不遜色。（台大舊照片資料庫提供）

現代的力量像鐵鎚敲毀故城，用殘磚剩瓦堆砌新公園

如果圓山公園具有神聖空間的意義，台北新公園就是世俗的中心。

第一次擁有殖民地的日本，為了追上西歐文明的步履，對於島都台北的現代化可是不遺餘力。早在一八九九年的市區改正計畫，就已經提出都市公園的概念，但直到一九〇八年才落成，名為「台北公園」。因為和圓山「舊」公園相對照，而俗稱「新公園」。

座落在城內正中央的新公園，緊鄰台北驛、總督府、台北法院、以及大片的日人官舍，很明顯的是將日本內地移民優先設定為公園使用者。

不過，公園就是可以自由進出的空間，台灣人可不在意附近政府機關瀰漫的森嚴氣息，非常樂於來此享受現代化的新體驗，包括讓人強健身體的運動場、每個禮拜會在報紙公告表演曲目的音樂堂、圓頂垂拱的台灣博物館。星期六、日散步累了，還能去大大小小的露店（攤販）、喫茶店，買杯咖啡，找張長椅子坐著，聽噴水池的聲音潤透此景此刻，有時還能巧遇播放電影呢！

但是，並不是所有台灣人來公園都是為了放鬆享樂。一百年前，心懷彼岸中國的傳統漢文人來到公園，只會覺得悲傷沉重、不知今夕何夕。

這時的台北，正是市區改正的高峰期。有什麼新建設，就意味著有什麼要被破壞。舊城牆、老官署，都被一磚一瓦拆解，然後進入時空錯置之旅，與歐洲化、日本風的公園堆放

並列。

原來豎立在西門邊的急公好義坊、東門邊的黃氏節孝坊、台北府衙前的石獅子，都一起送作堆進駐新公園。原本座落城內中央的天后宮、上百戶家屋小店，更是難逃拆除命運，剩下散落的柱珠變成遊客的短凳。取而代之的是高高聳立的雪白將軍像。他，正是發令市區改正的第四任台灣總督兒玉源太郎。

朱點人的〈秋信〉主角斗文先生演活了傳統漢文人不願面對新時代的心情，隱居鄉間數十年的他義憤到台北一看的始政四十週年博覽會，會址就在博物館所在地的新公園。這位先生一下火車，久逢故人的期待瞬間化為痛楚：

> 昔日的台北城址，已築了博覽會場，他的胸坎像著了一下鐵鎚，無力的落到椅上去……台北驛前的路上，人波浩浩蕩蕩的向著博物館推

一九二〇年代後期，開始有愈來愈多攤販進駐圓公園，是日治時期最重要的小吃夜市。（台北市文獻委員會提供）

一九二八年，台北高農的第一屆畢業生，來新公園合影留念。（台大舊照片資料庫提供）

始政四十週年紀念博覽會占地最大的會場就在台北公園，主要的場館都設在這裡，包括東京館、台灣茶特設館和番館等。（台大舊照片資料庫提供）

著，斗文先生像失了舵的孤舟，正不知道划到哪裡去好。台北的地理，早奪去他昔日的記憶……

景好移，情難轉，現代的力量像鐵鎚一下一下將故城敲毀，將舊文人愈敲愈扁，最後像支掃帚將他們全掃進社會的邊緣，眼不見為淨。

新式教育出身的朱點人，寫出了斗文先生的悲壯，殖民政府以現代之名大行推動新市容，卻把台灣人留在看不見的邊緣。圓山公園和日本神道信仰緊密結合、新公園為了城中官舍而開，一旦遠離日本人的視線，公園似乎就不必了。

公園既是都市櫥窗，也潛藏無邊情慾

日治時期的台灣人密集區大稻埕，在新公園開張二十年後，當地仕紳仍一直在報紙發表言論，努力請願要求設置公園。一九二七年台灣民報刊出〈台北公園的創設，望議員再努力〉，批評偌大的台北市區竟然只有一座新公園。一九三〇年，再刊登一篇投書〈台北市三大問題：第一街道、第二公園、第三市場〉，大稻埕的台灣人仍然只能繼續望穿秋水。

生活在遍地公園的現代都市，大概很難理解那種焦急和渴望。當時的人為什麼如此想要公園？因為曠大靜好的公園提供了散步的地方，自然的花草、清新的空氣可以調養身心。但潛藏在社論底下沒有明說的，是公園對於談情說愛之必要。

在什麼都講究現代化的日治時期，愛情也要現代化。「自由戀愛」成了摩登術語，當時沒有網路，電話仍不普遍，談戀愛必須約會見面，然而並不是所有地方都可以談戀愛。同樣是請願設置公園的社論〈台北橋附近不良少年出沒〉，迂迴表現了這種到公園談戀愛的情結。

> 大稻埕因為沒有公園，故每年一到暑期，沒有去處可納涼的公園，皆藉台北橋為避暑地，不料因為黑貓跟黑狗的猖獗，時常在該橋上演出醜態。致惹旁觀者諷刺或受不良少年毆打。而諸不良少年，良莠不分一律認作黑狗黑貓，致遭侮辱者很多。

一九二一年落成的台北橋，連通大稻埕和三重埔，美麗的彎拱橫跨淡水河面，每逢日暮，憑欄俯瞰橘色的連紋水光，兩岸風情盡收眼底，還曾被選入台北八景「鐵橋夕照」。原該是適合調情的浪漫地，但這篇社論卻說，對不起，情慾旺盛的摩登男女「黑狗黑貓」想卿卿我我，請不要連累路人，只有公園歡迎你們。

公園對戀愛有多重要呢？謝春木小說〈她要往哪裡去〉點名河邊清涼的圓山公園是最受歡迎的約會景點，林煇焜小說〈命運難違〉，自京都大學歸來的李金池，滿懷自由戀愛的夢想，與父親一番爭執、斡旋過後，第一次約會就選在台北新公園。

新公園的樹蔭下傳出一對男女的談話聲。男的是戴著學生帽的金池，女的是撐著陽傘的秀慧。兩人很有默契似的，腳步自然而然地朝水池邊的長凳走去。

這情境儼然跨越時空、無分現在過去。不僅談戀愛的地方隱隱有所規定，什麼人可以談戀愛，也是有所限制。

芳久的〈同性愛〉描述了日治時期同志情慾的深潛低伏，情節是一名警察巡邏完坐在公園長椅休息。

「你一個人嗎？」有個男子靜靜移來身邊探問。

「一個人啊，在這樣的夜裡，一個人還真是寂寞啊。」這名警察直覺地回答。

「你聽過同性愛嗎？」男子試探地提起這個話題，然後一邊慢慢將手探入警察大腿內側。警察的胸口漸漸熱起，心臟怦怦跳動，男子索性坐上警察大腿……。結果警察立時以現行犯的名義逮捕了這個男子。最讓人無限遐想的是，由警局返家的警察一個人在路上的自言自語。

「其實那男子長得也蠻可愛的，」警察這樣偷偷地想。

偷偷地想，警察只能偷偷地想，那時的人都只能偷偷地想。如果他不是警察，如果那不是個否定同性愛的社會，他們說不定早譜好一見鍾情。一百年前，社會價值觀不准的，就到公園裡闖關。

圓公園，台北第一個通宵營業、最重量級的庶民美食區

大稻埕其實不是沒有公園，只是並非當地仕紳渴望的新公園。

新公園問世的一九〇八年，台北也仿效巴黎凱旋門的輻射狀道路，在建成町、日新町交界設立了一座圓環，並在圓環中央的空地簡單舖設草皮、長椅，稱為「圓公園」。

儘管不比政府刻意經營的圓山公園和新公園，但由於靠近永樂市場座落的永樂町、料亭酒樓密集的太平町，因此入夜以後，圓公園附近就有小販占地做起生意。不管警察如何取締，攤商始終有增無減，還經常可見在文萌樓雲雨完事的人客，或是永樂座散場出來的觀眾，水流往低處一般匯聚。

具有六條放射線馬路的街中心，中央設有升旗台，其周圍用榕樹圍繞的圓環夜市場，在榕樹下櫛比鱗次排列的攤子光亮的燈光照得如同白晝。直到十二點為止，時常擠滿了人，

有粗野風貌的工人、店員和車伕等人在那光輝之下滿足旺盛的食慾，是一種壯觀的場面。

這段文字出自日本作家濱田隼雄的小說〈蝙翅〉，將圓公園獨特的粗獷肉慾、夜夜笙歌，描述得活靈活現。相較於內地人官舍街道十點過後就寂靜無聲，本島人來來去去的圓公園，熱鬧的秋燈一盞一盞愈夜愈亮，正是台北第一個通宵營業、最重量級的庶民美食區。

〈蝙翅〉題名來自小說中陳姓少年的攤子，其實就是扁食；餛飩。陳姓少年的知交、日本教師速河，雖然很愛這一味，但可不只為蝙翅著迷。圓公園裡還有澆著魚翅、香菇混合醬汁的台灣麵，撒上小把香芹，熱氣自然蒸騰成食慾。旁邊有蝦湯放進半熟的鴨蛋包，湯匙尖輕輕戳散，瞬間就色香味瀰漫。不想喝湯的可以來份炸雞捲，切成一片一片油亮盛在盤子裡，筷子絕對動不停。盤子空了沒關係，隔壁就是蚵仔麵線、米粉湯，台灣風味小食，圓環夜市什麼都有。

是啊，台灣風味，庶民生活，這是個逾越文明想像的公園。

所以速河的學生才會在週記向老師抱怨「老師去圓公園是下流的行為」，速河的日本同儕也會批評說，「骯髒呢」。

大稻埕仕紳斥責大稻埕沒有公園，是因為他們在朝思暮想一座有喫茶店、音樂台的新公園，可以在樹蔭下閒坐，只會聽見情愛軟語，而不是攤販的聲嘶力竭，不是擠如刺蝟貼身的摩肩接踵。傭工、車伕、娼婦流動嘈雜的油膩所在，不是他們期望的公園。

日本人會歧視台灣人，台灣人一樣會歧視台灣人，夜夜通明的圓公園，終究照不穿更大的都市暗影。

公園既是開放空間，壓抑不住庶民蓬勃的生命力

無心經營的圓公園，有警察壓抑不了的蓬勃生命力。即使是充滿神聖政治性的圓山公園，庶民其實也可以挪用來抗議。

一九〇八年三月二十四日清早，兩百餘名身穿白色法袍、面色莊嚴的男子，在艋舺新起街的真言宗佈教所前集合，一路徒步朝北前進，在風光明媚的圓山公園停止隊伍，霸占下來。這是一起罷工行動，他們是「台北大工組合」，全台灣第一個工會組織，日本工人聯合台灣工人，為了抗議木工的薪資低落而成立，並組織遊行。

他們讓圓山公園成為民意發聲抗議的基地，昭告全台北的工人團結起來，預示了台灣社會運動就要從占領做起。

一九三一年六月，新文學小說家孤峰一樣在台灣新民報發表〈流氓〉。似乎承繼了占領圓山公園的狂野，也像是反擊大稻埕仕紳寫社論要求公園的拘謹，孤峰描述了一座繁雜草木的廣大公園，正午汽笛響起，暫時在公園休息的學生、工人紛紛成群結隊準備離開。一群衣衫襤褸、披頭散髮的赤腳流氓，仍圍坐在松樹下的長椅不動。他們是資本主義社會拋

棄的人、工廠大量解雇的無業者。除了公園，他們無處可去。

D印刷工廠的職工阿B，他每由工廠回來的時候，必跑入公園逛一圈兒，欣賞大自然的光景，以安慰勞頓的精神，所以每日都目擊著這不自然的現象，他還記得前些時候，在公園的清水池畔，在葡萄架下，在花徑上，時常遇到幾對富戶家的公子小姐們比間徘徊於其間……而今既是變成流氓的棲留所了。

公園像是幾個平行世界的交會，是富人家郊遊、戀愛、穿洋裝、抹髮油、噴香水的伸展台，是勞動者調劑身心、復原工作壓力的緩衝區，也是想要勞動賺錢卻不被允准的流氓無家可歸的最後去處。

小說背景正是圓山公園。暗暗指涉同年二月，台灣平版株式會社為了節省成本而實施縮短工時、實則降低工資引發的抗爭。台灣共產黨中央委員王萬得帶領五十餘位工人罷工，甚至占領了印刷工廠，成為日治時期空前絕後唯一的點交抗爭。

台灣新文學之父賴和就在小說〈可憐她死了〉，清楚描述這次鎮壓罷工運動的種種不人道。後來，罷工者遭到逮捕、虐待、流離四散，抗爭全面頹敗，在賴和筆下一清二楚呈現出來。

有別於賴和〈可憐她死了〉結局的悲憤無力，作家孤峰可能為了鼓舞士氣吧，他的〈流氓〉

充滿了戰鬥意志。故事裡，主角阿 B 不敵各地工廠大量解雇的風暴，與同運命的勞動者一起坐在公園，聽著眾人批判物價高漲、工資低落的社會寫實景況，茫然看著人群愈聚愈多，然後眾情激憤高呼「打倒資本家、打倒資本家」，儼然革命前夕。

敗陣的革命青年，美麗的公園潛藏不住哀愁與憤恨

儼然革命前夕，其實是夢醒時分。

台灣自治運動旗手林獻堂到英國海德公園觀光，見到民眾正在肥皂箱上講演，針對政治、經濟各種議題辯論，不管發表什麼意見，警察都只是遠遠看著民眾鼓掌喝采，林獻堂大嘆，這才是真正的公園。

轉眼一九三〇年的台灣，各種遊行抗議都被禁止，幾個工友總聯盟的幹部，為了紀念五一勞動節，選擇在圓山公園散步集會，就被懷疑是要發起什麼活動，引來警方恐慌，大舉包圍，不由分說，一一逮捕。

〈流氓〉發表的同時，台灣共產黨遭到大檢肅，其他社會運動組織也都陷入無力再戰的困境。曾經親身反抗的王詩琅出獄了，對於這個理想可能永不再實現的島都，內心僅存的支柱就是寫作。小說〈沒落〉寫一名從左翼運動敗下陣的理想青年耀源，他走出古色蒼然的法院，站在總督府前面，沒臉再見昔日戰友，更發現過去、現在都已經沒有自己的容身

之所。

明治製菓喫茶店的樓上，近大道的窗前占了座位的他，剛注文了後，突然遠遠地雜在嘟嘟地叫的嘈雜裡，嚠喨的軍艦進行曲接近。假裝軍艦進行曲的自行車，約莫有幾十輛自公園方面驀進來。他假裝沒有關心的樣子，拿起剛才送來的曹達水吸。剛才法庭的場景，又像影片般隱現在腦裡，自己的世界已和那些差得太遠。

場景是一九三〇年代的台灣，社會運動全面被壓制，公共場所已不再能自由議論或行動了。公園，只能是騎自行車的地方，沒有講演會、更遑論罷工。敗陣的左翼青年啊，那就坐進喫茶店來杯飲料吧，讓女給陪著說笑，如果天色暗下，可以再斟一杯酒，或學一支舞、看一場電影，想多華麗都可以，想多頹廢都可以。

終於，一九四五年夏末，新公園中央的放送亭，傳來天皇玉音，終戰宣言。

聽著聽著好像每個人眼睛都紅了，有的喜極而泣，因為不用再拚死拚活演一個皇民，有的太過悲傷，不知道自己現在及將來會是什麼人。無論如何，他們都以為最起碼不用繼續在生死線前過日子了。

結果竟還是另一條生死線。一九四七年二月二十八日下午，群眾衝入新公園，放送亭再度傳來聲音，台灣人的聲音，控訴日本帝國主義不可信、新政府更不可信。

二二八事件後全島動盪，青年學子組成忠義服務隊維護台北治安，其中一小隊途經明治橋，被國軍攔下，無端遭到開火射擊，血花噴濺地從橋面翻倒墜落，把夕陽西下的紅色漣漪拖得更長。還有其他幾百名學生，被憲警拘捕，在圓山公園前的陸軍倉庫廣場罰成一列，英挺的制服，俊爽的平頭，迎著機槍和坦克彈，最後全都沉進基隆河底。

悲哀的不是夢終要醒，是驚醒以後就再不可能好眠。在日本帝國主義下度過五十年，換來一個二二八，繼續再五十年威權統治，新公園換成二二八和平紀念公園，名字改了，然後呢？然後呢？

公園的歷史，也是都市邊緣人的歷史

新公園並沒有變得更自由。戰後，四邊先後立起圍牆、欄杆，而且很長一陣子，十二點過後實行宵禁，關起大門，時有警察巡邏。相較台北、台灣甚至全世界其他公園，都是個難解的現象。

有人認為，警察巡邏是為了壓抑在深夜群聚的同性戀。一如白先勇《孽子》所描述，同性戀身分曝光的李青，遭盛怒的父親趕出家門、無處可去，只能選擇翻入新公園，在蓮花池畔與命運相仿的少年們相互慰藉。但畢竟難以完全安寧，不時要躲進樹叢暗影或博物館合抱的石柱後面，閃避巡警掃射手電筒砲，一不小心就可能被逮。

一九九六年，台北市長換成民進黨的陳水扁，新公園改名二二八和平紀念公園。同志獨特的地景記憶被剝奪了，尖聳的二二八紀念碑高高穿出樹冠，聽說白色柱身象徵和平。但和平的代價是多少抗議運動，新公園已不再是新公園了。

我在二二八紀念公園的椅子上乾等一、兩個小時，驚然發現大部分椅子上都坐著穿西裝、提公事包的中年男子，神色木然地呆坐著，那是下午三點，因此不可能是找同伴的同志，而是阿扁上台後失業率和自殺率快速攀升的年頭的風景。

工運組織者吳永毅《左工二流誌》的風景速寫，儼然孤峰〈流氓〉的現代演繹。統治者一換再換，公園風景一變再變，邊緣人始終難有立錐之地。異性戀霸權排擠的同志、資本家拋棄的勞工，只能一再走進公園裡。公園隱藏的歷史，是都市邊緣人的歷史。

愛國獎券中的台北公園。戰後國民政府仿中國北方建築，在蓮花池立起的一閣四亭。（國家圖書館提供）

四、

來去城內過新生活

——月色照在三線道，失落的過去，永遠的鄉愁

台北的都市計畫，百年前就已經開始，
批判與感傷也早已萌芽，對於進步的追求，
時髦生活的嚮往，心情始終曖昧。

百年不退流行的 台北文青生活 案內帖

一九二〇年代某一天的台北街頭，偶爾就看到這樣的景象，與今天的車水馬龍截然不同：道路兩旁擠滿搖旗吶喊的群眾，路中央一位位身著勁裝的選手，在起跑線上躍躍欲試。當大家聽到一聲亢奮的「走れ！」（跑呀），所有人鼓譟的情緒來到最高點。

這場盛事可能是是慶祝「三線道十週年接力賽」。《台灣日日新報》一個月前就緊鑼密鼓刊載選手的備賽，預測誰會拿冠軍……。翻開一九二〇年代以後的台灣報紙，鎖定「三線道」這個關鍵字，便會發現幾乎每個月都有馬拉松與接力賽在台北城內舉行，不只是民眾狂熱，新聞也爭相報導每位選手的生平與每場練習賽。

三線道其實是殖民政府師法巴黎，在台北城內興建的現代化馬路，由安全島分隔成三線道。這麼寬敞的大馬路怎麼會成為市民的路跑場？三線道的前身，原本是台北的城牆，這箇中緣由，得要從一九〇〇年代初期台北的都市改造說起。

西門之死，成就了其他城門得以存活至今

台灣總督府在一九〇五年十月七日貼出公告，宣布即將進行一場大規模的市區改正計畫。市區改正，也就是都市計畫，師法自歐美，以科學思維和測量，整體重畫市內的土地。

這時，日本殖民統治台灣、定都台北，已經十年，城內是最早的辦公居住之地，也是最早的改造之地。所謂城內，是清朝政府所蓋的最後一座府城，一八八四年落成，即現今的

清光緒末年的台北城牆。城牆外是一片水田與泥濘沼澤，要到一九〇五年左右城牆拆除、都市擴張、加上下水道工程進步，原本的「城外」大多數地區才成為可居住區域。照片的遠方還可看到彼時尚未拆除的城門。（國家圖書館提供）

中華路、忠孝西路、中山南路、愛國西路圍起的區域。其實，一九〇五年，城內舊建築已經拆的拆、改的改，清代府衙、文武廟都已成為遺骸，總督府開始計畫拆除更費事的台北城牆。

西門寶成門先拆掉了。沒想到事情進展出乎意料，拆城工作引起極大反彈，士紳四處奔走抗議，士紳洪文先氣憤寫下，「人奴骨相漫評論，眼底乾坤尚覆盆；饒有一腔忠憤氣，朝朝來弔寶成門。」

民政局長後藤新平決定不再拆除其他城門，為寶成門立了碑紀念，四座城門逃過一劫。經歷兩個朝代、兩種身分的台灣人，對於前清的情緒，比想像要複雜許多。

西門被拆後，前清文人仍會結伴對著城門憑悼。不論有心或無意，凋零的城門恰可傳遞著舊文人在新時代的失意，不斷用來形容時空錯置的心情。郭秋生在一九三五年、殖民中後期的一篇小說〈王都鄉〉中，行動不便、失業絕望的男主角，心情就非常北門：

王都鄉像是洪水裡一截的朽木，浮著沉著挨近了北門*踏切邊的一叢榕樹下，是同病相憐呢？他一眼看見了北門的倒影，心中便如急流的匯合，萬感齊發起來了。

朱點人小說〈秋信〉主人翁斗文先生是固執、不願與日本有任何瓜葛的「前清秀才」，到台北看看始政四十週年博覽會是什麼鬼東西之後：

*平交道

啊！昔日的台北城址，已築了博覽會場，他的胸中像著了一下鐵鎚，無力地落到椅上去。

當斗文發現三線路會場，竟然就是拆掉城牆的三線道，那種記憶面目全非的失落，日本統治者恐怕不會懂也不想懂。

不過，台灣總督府最終還是在一九三五年立下《史蹟名勝天然紀念物保存法》，給了前清城門一個歷史位置。因為西門之死，成就了其他城門的存活至今，也算是城殤的意外之喜。

懷念過往的心情，也不是只有前清文人才有。一九〇六年以隨行翻譯官身分來台的畫家石川欽一郎，對台北的印象卻是極好，甚至寫下「傳聞是地獄，一見卻是天堂」的讚詞。他所謂的天堂，卻不是讚賞總督府在城內的衛生改善、現代建築，而是欣羨台北有一堆古意盎然的老宅厝，不像日本都是新樓房。石川欽一郎在一篇〈台北的寫生地〉就寫到，「台北市區中古早而有趣的台灣式建築物漸次消失」，憂心日本現代化匆匆造成「台灣文化」逝去。面對都市計畫的批判與感傷，台灣一百年前就已經萌芽。

氣派三線道落成五年，依然行人稀雜草生

感傷畢竟擋不了鋪天蓋地的現代工程，市民必須調整新的生活態度。

拆掉城牆而規畫的三線道，在一九〇八至〇九年間落成，既是通行道路，也是聚會廣場，重新定義了「城內」的氛圍。

為了宣傳政績，一九一六年四月，總督府利用這條當時全台灣最寬、最平、最美的道路，開辦全島馬拉松大賽。所謂馬拉松，其實只是繞城三圈，全長十五公里不到。這個比賽的分組，不是根據實力，而是依照族群分組，而且只有「日本組」有大獎。不過跌破眾人眼鏡的是，總冠軍是台灣人林和，比日本組優勝藤岡先生還快一分多鐘。名不見經傳的林和其實只是一名人力車伕，讓專業級的日本選手臉色鐵青。

這個場面看來很華麗，但三線道其實一開始並不風光。落成之際充滿新鮮感的三線道，雖然賺足報紙版面，卻沒什麼人願意使用。一九一四年八月，落成已經五年多了，《台灣日日新報》還有酸民作詩投書，責怪「三線道路立派成，通行稀雜草茂生」。

樹蔭鬱盛，治安也有死角，不時傳出路邊暗處有人埋伏刺傷路人。在首善之區發生此等事件，警察只能加強嚴巡。草木皆兵的氣氛下，難免發生「單身歧視」。一九一五年九月十三日的《台灣日日新報》就記載一名想要獨享美麗月夜的男子，一人在三線道散步，竟被警察帶回警局審問了一夜。隔天的報紙還對他送上無奈的同情，封稱他「清白正直」，也算還他一個公道。

三線道美化的同時，城內的新地標也開始在規畫。民政長官後藤新平一九一一年提議興建新的官署，一座「消除本島人對清朝的懷念、以具體形象體現帝國威嚴」的台灣總督府。

拆除台北城牆是為了規畫三線道，是當時全台灣最寬、最平、最美的道路，卻乏人問津，為了宣傳政績，便在這裡舉辦全島馬拉松大賽。（台大舊照片資料庫提供）

總督府經過公開競圖後，再交予建築技師森山松之助。由競圖到完工，歷經八年，於一九一九年完工，是當時極少見的高層建築。若由高空鳥瞰總督府，看起來像一個「日」字，扭轉中國傳統坐北朝南的政治方位，改成坐西朝東，迎接日出。日，既是太陽，也是母國。

一九二〇年代起，台北市役所開始投注心力為三線道植樹、種草，終於逐漸擺脫人稀草雜之名。至少在一九三〇年代，三線道兩旁的行道樹台灣楓，已經博得「非常洒落」的美名。綠化成功的三線道，漸漸從人煙稀少的空地、道路，一躍而成為民眾散步、約會的聖地。

熱戀的情人在三線道散步，其實不是什麼新鮮的新聞，早在一九一八年五月十三日，報紙上已有人作詩投稿，例如這首〈*散策〉：「暮徂南國夕，三線道路邊，攜手試散策，羨殺岡燒連。」

道路綠化成功，的確讓情侶數量大增，與戀人共伴台灣的夕陽，手牽手有如海誓山盟，再也沒有比此地更可以並肩的地點了。一九三七年，鄧雨賢、周添旺合作的情歌〈月夜愁〉，更是膾炙人口：「月色照在三線路，風吹微微，等待的人，那未來」。可以想見，樹影輕搖的三線路，是那個時代多麼重要的情戀景點。

進步文明的新式生活形態，由城內向外一點一滴暈染開來

三線道、總督府，城內磚瓦直線劃分的文明色彩冷靜逼人。原本匯聚大稻埕的台灣人，

*散步

又怎麼看？

一九二二年台北實施市町街制度，整個台北改為六十四町，艋舺、大稻埕、城內三個舊地名完全廢除，從此台北市區都只有各種「町」。

當時的台北是很典型的二元都市。城內所在的旭町、乃木町、文武町……，戶籍上日本人口比率幾乎接近百分之一百；相對的，艋舺所在的柳町、有明町、龍山寺町，大稻埕所在的港町、蓬萊町、永樂町，日本人口最多不過百分之五。從這個數字看來，台灣人似乎以堅決對抗外來族群的方式在度日。然而，生活豈可能這樣過？

王詩琅的小說〈沒落〉，男主角是曾經懷有革命理想的左翼青年耀源，隨著殖民權力穩固，他的生活也開始頹靡，頓失所依的他於是一直飄蕩在這個都市的最中心。

他無所事事，信步行到龐大的血般赤紅的總督府的時候，這四圍盡是廣大的官衙洋樓的建築物中央，高聳雲霄地瞰視下界屹立的尖塔上空，爆爆底響由東方飛來，腹裡有鮮紅的圓白之銀色飛機三架，編了隊穿來鑽去翱翔一會，就不知向哪裡消沒去。

耀源走到的地方是榮町二丁目，號稱台北銀座，有鋪了亞士華爾卓（瀝青柏油）的地面，穿梭著銀亮的巴士、自動車、自轉車。

像耀源這樣，面對勢不可擋的文明，台灣人知識分子已經不排斥城內的摩登，即使有些

一九一九年落成的台灣總督府在當時是極少見的高層建築，設計理念是為了「消除本島人對清朝的懷念、以具體形象體現帝國威嚴」。（台大舊照片資料庫提供）

罪惡感，但已能自在閒蕩在繁華大街，在總督府旁北邊一百公尺的公園獅咖啡（カフェーライオン）與朋友聊天攞闊，與女侍嬉笑調情。對抗日本的熱血理念，或許仍是時代的標誌，但親近日本的舒適生活，卻由城內一點一滴暈了開來。

日本治台期間，本島人和內地人並沒有想像的涇渭分明，城內是日式生活，卻也是西式生活、新式生活、現代生活的中心，誘發台灣知識分子心生嚮往、勇敢追求「進步的事物」。對於進步的追求，是一種曖昧的心情，一如當時流行的照片POSE。雖然最外層披著中國式馬褂，但其實穿著西裝西褲，腳上是皮鞋，手上持鐘錶。明明花了好多大洋，卻酷酷地把眼光遙望向鏡頭側邊，留下很自然的做作。這就是他們迎接現代的心情。

要逛號稱台灣銀座的榮町，不論是菊元百貨、書店、唱片行，可以大費周章穿和服，也會以和服搭上台式草履鞋。樓高六層的菊元，即使對一般人是高不可攀的價位，但菊元有最具話題性的電梯小姐，剪裁別致的洋裝、白絲襪、高跟鞋，很多人光是為了電梯，就會特別走一趟菊元。

這樣的城內，儘管有那麼一絲官廳的肅穆之氣，在三線道談情、坐人力車遊覽三線道、在新公園下車走到荷花池裡划船，這些時髦生活的象徵，旖旎愛情的場域，當時的台灣人趨之若鶩，重要性絕不亞於對個人與民族前途的思索。

咖啡館，城內文化的重要象徵，直指文人矛盾的內在情緒

以公園獅為代表的咖啡館，是城內文化的重要象徵。咖啡和跳舞從大正時期開始風靡日本內地，東京街頭咖啡廳一家一家開，品嘗咖啡的能力不得而知，但報紙雜誌的「喝咖啡，聊是非，看美女」的記載倒是不少，儼然是新興的社交類型。

一九二〇年代後半葉，咖啡店有了新作風，除了必備留聲機、包廂，最好還有可以陪客人跳舞的女給。新公園旁的公園獅咖啡，也早早將店內改裝出一塊跳舞空間，隨時飄揚著鋼琴聲、爵士樂。這種風格，深受在城內遊蕩的憂鬱青年所喜愛。

一九三〇年代引領風騷的「超現實派」詩人楊熾昌，在〈福爾摩沙倒影〉組詩中，也將停車場、街樹、橋梁以及「咖啡館美學」並列為現代化的縮影圖像。楊熾昌描寫的咖啡館，是：

那霓虹燈傷我的眼睛
光中棕櫚葉朦朧
金絲雀在哪裡啼叫著呢——
在逐漸暗淡的光線中猶然輝耀著的她們
我知道得很清楚……

青色的女人呦！
你將走去
走向波齒型的門那邊……

從詩中隨著男性詩人的視角，可以看到咖啡館中有七彩斑爛的霓虹，在霓虹一明一滅，逐漸暗淡的過程中，女性們仍是閃閃地發出藍色光芒，女性的亮眼就是咖啡館的美。不只詩人裡的咖啡廳有「青色的女人」，小說家筆下男性文人的咖啡店消費，也總有異性作陪。林輝焜的經典通俗小說《命運難違》，首章就寫男男女女在咖啡館內調情的景致，文人、女給的文化，似乎就是日常：

這咖啡館的樓上樓下，全被避雨的客人擠滿。樓上約有十二、三張桌子，悉數被客人占據。這時，不知從哪裡鑽出來一群打扮濃豔的女服務生，如雨後春筍般亭亭玉立、裝模作態，大約有十幾個。……

「那是當然囉，你們不也是想有美女作陪嗎？我們也是這種想法。有年輕溫柔、體貼的男士會讓我們心情愉快，嘻嘻……。」靜子邊說邊笑。

相較於女給的搶眼，那個時代並不欣賞咖啡的苦酸香味，甚至可說咖啡只是咖啡店的龍

新公園內可見許多現代化設施，像是西式街燈、咖啡館。照片中還能看到在咖啡館工作的女服務生，穿著當時常見的女侍「制服」。（台大舊照片資料庫提供）

套，之所以能稱作咖啡店（カフェー），其實是因為提供酒精飲料，尤其是苦艾酒、白蘭地等西洋酒類。一九一三年，著名的公園獅咖啡開幕不久，一名自稱「社の人」的記者走進來，對於齊全的酒品評了高分，對於培根加蛋的餐點稍不滿意，最惹他生氣的，則是女服務員腰圍粗得像烏龜。

這家台北最風光的咖啡廳，一九三五年為了配合始政四十週年博覽會的用地需求，被總督府勒令停業，老客戶喊出「獅子非救不可」的口號，依然擋不住，公園獅只得變賣傢俱器皿，城內文人矛盾的指標咖啡館，故事暫停。

上流社會的文青，應邀到總督府與殖民政府吟詩作對

閒蕩在咖啡廳裡的，其實只能稱得上庶民階級的文青生活。城內，同台還上演著文青生活的上流社會版。

現在門牌凱達格蘭大道一號的台北賓館，建於一九〇一年，是台灣總督官邸。為了蓋官邸，總督府拆掉不少清代遺留的廳舍，聘請留洋建築師設計，使用台北城牆的石頭當材料，落成之際是全台最「洋派」的建築，馬薩式斜頂、希臘山牆、羅馬柱、巴洛克雕飾，融合了西方建築最宏偉的元素。

官邸四周留有寬廣的陽台，提供男女賓客、上流名媛在玄關相遇時握手寒暄。只要總督

官邸有舞會或晚宴，隔天報紙就有大幅的報導。在那個狂飆的年代，在這座豪邸穿著改良式和服跳交際舞，吃著生魚片配紅酒，迴游式山水庭園裡養著天鵝，希臘石柱的後頭是榻榻米的寢室，即使日西合璧，也不影響上層社會的奢華。

歷任總督為了展現他們高尚的「漢字」文化能力，也愛邀請文人做客。不過有別於混咖啡廳的左派青年，總督的客人清一色是吟寫古典漢詩的文人。漢學是傳統日本知識分子的頂級素養，在台灣詭異地跨越了政治光譜，殖民統治者和台灣傳統舊文人共同吟詩作樂，言語不通，卻不妨礙心意相流。

這些舊文人，例如連雅堂、謝雪漁等人，都曾應邀參加中日合璧的詩會。一九二一年四月二十二日，台灣詩社「瀛社」主辦全島詩人聯吟，赴會的百餘人，隔天就被愛吟漢詩的總督田健治郎邀到官邸，由七言絕句〈薰風鈴閣〉吟起，一首一首喝韻即作，得詩百餘。

同年十月二十一日，田健治郎再邀請他稱為「全台友人」的五十餘名詩人在官邸召開詩會。天爽氣清的秋日午後，北側庭園的陽台擺好筆墨，庭園美景當前，詩興所至，疾書奮筆，最後集成《大雅唱和集》一書。接任總督的內田嘉吉、上山滿之進，也都以邀請漢詩人至官邸吟詩為樂，偶爾也會轉戰大稻埕江山樓吃中餐，下午回官邸唱過一輪，再戰方歇。

詩會總是熱鬧地開到傍晚。另一方面，在學習白話文的新文人眼裡，看著這些文人們的行為，就像是接受了日本政府施恩手段的拉攏，於是雙方一場圍繞著文學與民族的論戰就此展開，已為後話。

台灣總督官邸即今日的台北賓館，歷任總督喜愛邀請台灣傳統舊文人作客，一起吟詩作樂，連雅堂、謝雪漁等人都曾是座上賓。（台大舊照片資料庫提供）

人為的堆砌、穿鑿與歷史的偶然，推升城內成為首都

台北城內能從清代一個荒地沼澤上的小府城，萌芽至今日全國首都，不同於大稻埕、艋舺等地，發展是順應自然水路與人民生活的軌跡，最初台北形成的途中，實則經過許多人為的堆砌、穿鑿，與歷史的偶然。

但就娛樂、消費文化而言，日治時期的大眾也擁有獨屬自己的一套流行奢華，而半強迫地與「國際」接軌的台北城內更如同今日，一直都是時尚的尖端，從百貨公司、咖啡館，到運動、約會習慣，像是熱浪般，由北席捲了全台年輕男女，女性開始以剪短頭髮為時髦、男性身著西裝皮鞋喝咖啡……。在最接近極權中心的地方，卻有著當代所熟悉的自由景象，這是台灣曾經有過最有趣的風景。

五、
閱讀台北城
──書店，「理想」的戰場

蔣渭水在醫院隔出一間開文化公司，
引進雜誌圖書，種下思想種子，
掀起第一波罷課學潮，堆疊出一九二〇年代的社會運動。

百年不退流行的 台北文青生活 案內帖

一九二六年夏天，大稻埕太平町熱鬧繁忙如常，剛由碼頭卸下的貨物，從店面淹至街道，數輛人力車氣喘吁吁地掀過一抹塵土，擠過滿街的斗笠、西裝帽。

這一天，充滿茶香的太平町卻另有一番風味，是三丁目那頭傳來的書香。台北第一家新式漢文書局「文化書局」的店幕揭開，外頭早已擠滿探頭探腦的看客。然而，直著頸子並不是擠不進去，而是不敢進去，大家心知肚明，店內那群不翻書的假顧客是政府派來的真特務，專程來監視書局經理蔣渭水。

蔣渭水本業雖是醫師，但他的各種副業早就被看作「意有所圖」，被盯上並非偶然。他還是醫學生時，就在台北新公園口經營一家東瀛商會，名義上販售文具圖書，但二樓卻是學生宿舍，還有一間可容納數十人的休憩所。商會，其實是學生們政治活動的基地，他們就在此籌畫出以細菌毒殺袁世凱的計畫。

畢業後，蔣渭水在太平町掛牌大安醫院，展開行醫生涯。只是不久，耳聞東京的留學生成立新民會，正發起台灣議會設置請願運動，他沉寂的政治熱情便隨之點燃，決定重操舊業，把醫院隔出一間開文化公司，引進文化思想的雜誌圖書，包括新民會的宣傳刊物《台灣青年》。學生偷偷地在寢室間傳遞這本刊物，種下的思想種子掀起第一波罷課學潮，堆疊出一九二〇年代的社會運動。

蔣渭水治療台灣這位病人的處方箋：報紙、講座、文化書局

大安醫院的原址，就在今天延平北路二段的義美門市，店內深處還掛著一幅昔日舊照。照片中的時間凍結於一九二五年，文化公司的招牌已經卸下，二樓病房成了運動家的免費客房，一樓則是《台灣民報》的編輯所，正為台灣人奮力喉舌。整間醫院，都在治療台灣這一位病人了。

此外，蔣渭水還會深入各地開設文化講座，施展拿手的啟蒙手術。從大安醫院往河畔走去，就有一間「港町文化講座」，在現在的貴德街四十九號，還能看到這間由製茶工廠改造的紅磚屋。那時，前半間擺滿桌椅書櫥作為讀報社，後半間掛上甘地圖像成為演講廳，赫赫有名的「台北讀書會」就在這裡進行。

讀書會每夜邀請博學之士導讀書籍，起初讀社會科學類，警察盯上後，就改讀具寓言性質的〈苛政猛於虎〉、〈捕蛇者〉說等「刺激性古文」。盯梢的警察對言論稍有

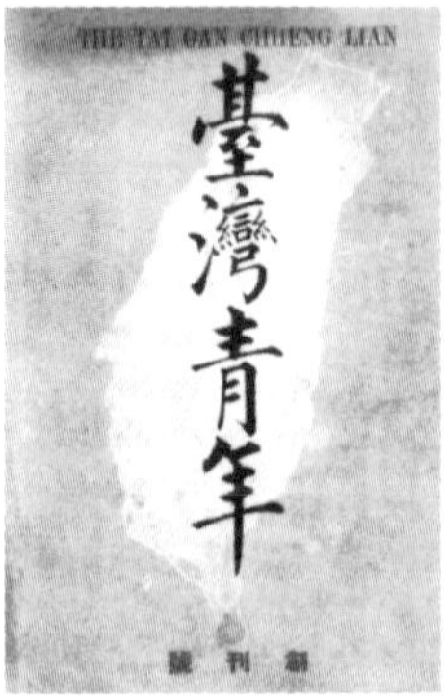

《台灣民報》與其前身《台灣青年》。

(90)

蔣渭水將大安醫院隔出一間作文化公司，販售雜誌圖書。圖為太平町三丁目的街景（今延平北路二段），最左側可見大安醫院與文化公司的招牌。（蔣渭水文化基金會提供）

一九二五年，文化公司的招牌已經卸除，改為《台灣民報》總批發處與編輯部，招牌寫著「台灣人唯一之言論機關」。（蔣渭水文化基金會提供）

不滿，就會喊一聲「注意」，若再逾越尺度，就會喊「中止」迫令講者下台。

不過民眾自有對策，一人被趕下台就有另一人上台接棒，甚至不識字的人也敢於上場搶風頭。像是在台上講出「咱台灣的政治不太合理」，警察就會喊「注意」，只要再補一句「像警察一樣不講理」，馬上就能光榮領受「中止」，而這時，台下候補者還會連忙上台卡位！讀書會的攻防戰絕無冷場，聽眾覺得逗趣，警察也忍不住發笑。

至於大安醫院那一頭，《台灣民報》的銷量在一年內就迅速攀升，必須另謀基地擴充報務。不過，人們只見「台灣人唯一的言論機關」離開不到一個月，快手快腳的蔣渭水就把編輯台換成書台，一家作為「新文化介紹機關」的書局便接力誕生。這樣一家書局，特務當然繃緊神經。

蔣渭水曾公開聲明書局的選書方向：「漢文介紹中國名著與平民教育，和文則專辦勞動、農民問題。」書局的書架，其實也反映出這名書局經理的腦中世界，不只有大量的三民主義與各種尺寸的孫中山寫真，一堆人文書中還夾著《公民醫學必讀》、《身之肥瘦法》等醫學專書。而當書架開始列上《資本主義經濟的沒落》與《階級鬥爭之原理》時，蔣渭水左轉的腳步也愈來愈踏實。

不過若從書籍廣告來看，他賣的書並非全是硬派知識書。例如婦女性別類，不只有《中國婦女美談》，還有火辣的《夫妻間的性智識》、《同性之戀愛》，而推理小說《福爾摩斯偵探案》更是書局的主打明星。

雅堂書局賣禁書維持生計，以迂迴手法搶進非法市場

文化書局開業一年後，斜對角也跟著傳出一陣鞭炮聲，店幕拉開，正是連雅堂的雅堂書局。

連雅堂是舊文學的代表人物，書局也承襲他保存漢文化的理念，所有圖書堅持訂購自上海各大書局，例如商務印書館、中華書局。開幕那天，蔣渭水特地偕著夫人陳甜前來捧場，逛了一圈，便笑稱為「清一色國貨」。

連雅堂會親自挑選每一部線裝書，而政治經濟類洋裝書，交給兒子連震東，哲學戲劇類，則交給參加星光劇團的店員張維賢。新舊並陳的書籍陣容倒也轟動一時，不過觀者多、購者少，因為附庸風雅的詩翁文伯懶得讀線裝古籍，而社科書籍要不是被文化書局搶先上架，就是事後被政府列上禁書名單，無法販售。

他每天閒來無事，就從架上抽一本書，撿個角落，一路翻到十點打烊。店裡有站著看免錢書的學子，連雅堂也不以為意，書局彷彿就像一座私人圖書館。不過開店畢竟是門生意，還是得想法子另闢財路，於是他就把腦筋動到「禁書市場」。

當時，任何書只要登上禁書榜，身價便會直直攀升，《三民主義》就曾因此成為人手一冊的暢銷書，看不懂的人都會想買一本嘗鮮。連雅堂以迂迴的手法搶進這塊非法市場，讓書籍由上海寄至日本、再轉台北，以避開海關查禁，再與一般圖書混藏在書局後院。

出乎意料的，這家拒賣日文書的書店，最支持的客群竟然是日本人。尤其是台北帝大、台北高校的教授，一攬就是好幾部，甚至需雇車運送。而日本婦女則讓書店兼售的杭州扇成為支撐生意的主力商品。

然而，雅堂書局長期背負著高額存貨，載浮載沉兩年多，還是宣告歇業。張維賢曾在一篇〈懷雅堂書局〉的文章中回憶連雅堂和這家書局的滄涼：

書和人都埋在塵土裡，台灣通史的作者貧困衰老，近視到離書一、二吋才能看到字。店前寂寞，無一顧客。

書本承載精神思想，書局卻必須精於計算才能存活。文人雅士的夢想打上算盤，竟免不了折翼褪色。

謝雪紅開書局作為掩護，重組支離破碎的台灣共產黨

一九二〇年代末期，另一家星光閃耀的書局也誕生於太平町。從文化書局往南穿越一條馬路，遠遠就能瞧見「國際書局」那顆又大又紅的星星標記，尤其那黑色招牌抹了一層玻璃碎片，在陽光下特別閃爍。

國際書局的書架、書台全漆成黑色，掛在騎樓外的三角柱招牌，也塗上混著玻璃碎末的黑漆。圖中右一為謝雪紅，左一為楊克培。（玉山社提供）

太平町的街景，圖右側可見國際書局的招牌（位於今延平北路與南京西路交叉口）。（蔣渭水文化基金會提供）

店名「國際」兩個字，不只是新潮吸睛的詞兒，老闆謝雪紅更希望激起「共產國際」的聯想。因為這位台灣共產黨的創始元老，正打算以這家書局作為掩護，重組支離破碎的台共。

開店剛滿一週，急促的敲門聲劃破天亮前的寂靜。謝雪紅趕緊抓起衣服套上，在特務搜查之前，將維繫同志命脈的「台共黨綱」藏進貼身肚圍裡，並藉口肚子疼，在一排特務的凝視下緩步走向樓下的廁所。每下一階，她內臟就抽動一回。

這場打擊左翼勢力的逮捕行動，即為「二一二事件」。台共黨綱雖然被迫塞入糞坑銷毀，但至少讓核心人物維持潛伏，而這場風波，還把楊克煌吹到謝雪紅的身旁。

楊克煌剛從學校畢業，早在畢業前，就透過報紙仰慕這位留學蘇聯的摩登女性。到書局工作後，他聽謝雪紅聊起無法上學的童年，便開始教她算術、幫她寫字，於是兩人漸漸地在風雨飄搖中牽起一段革命情緣。

他們共度的日子，其實甜中帶苦。雖然書店曾登報暗示「凡欲研究社會問題者請來本書局」，但社會主義的閱讀配方大概過於刺激，營業額稀落，虧損連連。他們只好將二樓隔間分租，楊克煌還兼賣早餐、便當賺外快。無奈東攢西攢下，終究不敵一個月七、八十元的房租，國際書局開張不到兩年就告別太平町，遷到城內去了。

搬到京町的國際書局，持續在房租的追趕下侷促地存活，最後在一九三一年的台共事件中，隨著台灣共產黨一起被連根拔起。而同一年，蔣渭水逝世，文化書局也跟著逐漸消亡。

十年累積的風起雲湧都在這一刻風消雲散。

陳甜曾開玩笑地說，社會運動家不被收押，民眾不會注意；開辦書局不受搜查，書局也不會有生意。政府忌憚這些書局，因為它們散播的是更遠大的理想。縱使敵不過鋪天蓋地的政治壓迫，太平町這條書店街也像流星般劃過歷史長河，光芒短暫又難以磨滅。

台北城書店傳奇的起點——新高堂書局

如今，我們或許還會記得台北的書店街就是重慶南路，但實地走一遭，夾在餐廳與銀行之間的書影卻愈來愈難辨認。

順著重慶南路的門牌號碼數，衡陽路口就是書店街的盡頭，金石堂書店正面對著兩棟膚色慘白、一肚子商家的高樓大廈，一棟是東方大樓，另一棟是正中大樓。它們其實在上個世紀末也曾做過台北最繽紛的書香夢：東方大樓由東方出版社興建，是戰後台灣第一家本土出版社；正中大樓則是隨國民政府來台的正中書局所建，與一批上海老字號書局共同開起重慶南路的書街盛世。

如果再逆著時間走遠一點，到日治時代，東方大樓的原址上是一棟三層高的紅磚房，而這才是重慶南路，甚至是整個台北城書店傳奇的起點——新高堂書局。

新高堂的老闆村崎長昶，是與首任總督一同來台的日本官員，但一抵台，他就辭職做起

新高堂書局的新店面位於繁華的榮町、本町交會處，三層高的紅磚樓橫跨近三十公尺，牆面以白色飾帶點綴，頂著綠色的瓦片屋頂。（台大舊照片資料庫提供）

始政四十週年紀念台灣博覽會繪葉書，圖為面向第二會場（新公園）的榮町通。右側建築為新高堂書局，現已不復存在；左側為販售攝影器材的西尾商店，現保留改建為金石堂書店。（國家圖書館提供）

房地產買賣。一八九八年，他決定進攻書業界，此時的新高堂還只是間小型文具店，夾在眾多木造店屋之間。不過，一九〇四年的日俄戰爭卻讓戰爭有關的雜誌訂單如潮水般湧進，原價十五錢的雜誌狂漲至二十錢依然熱賣，這一波銷售額更把新高堂推上大書店之流。

村崎長昶的人脈遍布商界官府，不只爭取到教科書的專賣資格，還攬下總督府圖書館的採購業務。但與總督府打交道並不簡單，必須同時注意〈台灣出版規則〉這把思想利刃，村崎會小心篩選每一本上架書籍，保險起見，新高堂只做參考書、繪葉書之類的實用出版。開店十幾年來，他踩著熟絡的政商網路，終於趁著市區改正的熱潮，於一九一五年登上榮町、本町交叉口的「龍頭寶座」。

這座嶄新的店面橫跨近三十公尺，三層高的紅磚樓、漂亮的綠瓦屋頂，俯瞰每位仰視的觀眾。若往新高堂的右前方看，紅磚樓繡上白飾帶，與施工中的總督府頗為相似。

總督府可是破例舉辦全日本帝國第一次的競圖比賽，才選出長野宇平治的設計，定案前，還經過營繕課技師森山松之助的大幅修改，讓建築更為挑高華麗。森山深受日本第一代建築師辰野金吾的影響，總督府與他的早期作品台北專賣局（現為台北菸酒公司）、台北州廳（現為監察院）都有一眼可辨的「辰野風格」——白色的橫條飾帶勾勒著一面面紅磚牆。

負責設計新高堂的技師辻岡通，正是森山松之助的部屬。兩棟風采相近、比鄰而居的建築，還真有另一層同源相生的緣分。

坐穩寶座的新高堂彷如台灣書業界的總督府，是當時唯一能向日本內地進書的書店。而這種政商交織的巨人作風，便震倒不少城內的書店，但同時也激起幾名賣書人的鬥志。原在艋舺經營舊書買賣的文明堂與杉田書店，就執意攻入城內、直闖新書買賣的一級戰場。

半數台灣人閱讀日文，台灣成為日本內地書店的新戰場

文明堂書店的負責人，是幹練的女老闆長谷川タカチョ。丈夫過世後，她不僅獨撐店務，將生意擴展至和洋雜貨，還無視雄霸台灣多年的蓄音器代理商，毅然引入另一家被喚為「金鳥印」的品牌，以小搏大。

「金鳥印」的商標是一隻金色鸚鵡，其唱

榮町與本町的交叉口。右側建築為辻利茶舖，戰後回日本發展為抹茶名店「祇園辻利」，該建築現在則為星巴克重慶門市。（國家圖書館提供）

榮町的街景，其右側街屋立面樣式保留於今衡陽路五十一號大樓的牆面裝飾。圖中最右側可見文明堂書店的招牌，而中央的聳立建築即為號稱「七重天」的菊元百貨。（國家圖書館提供）

片輕巧又便宜，號稱「踩之折之皆不壞」，而這隻金鳥不只敲開了台灣唱片的低價時代，也吹起台灣本土音樂製作的號角。不過柔軟的唱片不耐久用，金色的鳥兒飛不過三〇年代便銷聲匿跡，留下鬥志不滅的長谷川堅守電器，以賣一台、抽一圓的方式激勵店員。

當時，店內就有一名年輕認真的小夥子，趁著外出送書的機會四處推銷，一個月就賺到二十多圓！他還利用工作之餘，窩在店裡自主進修，從小說、傳記讀到文學、經濟學。他在文明堂工作的八年間博覽群書、學會修理電器，最後就利用存下的一百餘圓創設「東正堂」電器行。他就是後來開闢聲寶家電王國的陳茂榜。

到一九三〇年代末期，估計已有半數的台灣人能讀懂日文，而這個徵兆正是日本內地書商眼中的攻占訊號。他們越過經銷商、提著書箱直接進攻，讓台北城的書市戰況越趨火熱。東都書籍株式會社率先在台北開設支店，覬覦新高堂的教科書地盤，協助台北帝大採購外文書刊的丸善書店也同時跟進，在榮町增設一家新門市。文明堂對面的台灣三省堂更是衝勁十足，深耕本地市場，直到戰後日本人撤台，還繼續出版楊逵的《鵝媽媽出嫁》。

書店催生奔放思想，成就文學創作，豐富文化涵養

這場轟轟烈烈的書店之戰，誘引著不分本島內地的讀書人。

台北城的黃昏，不知什麼時候飄著毛毛細雨，榮町濕漉漉的柏油路，輝映著橙黃和紫丁

香花色的朦朧霓虹燈影。已經夜幕沉垂了。杜南遠與鶴丸五郎並肩行走於亭子腳。抬頭一看對面的文明堂書店，明亮的燈光下擺滿著書籍，店內有不少台北高等學校的學生凝神看書。

這一段話出自龍瑛宗的小說〈勁風與野草〉，其實也道出他十七歲時，由新竹到台北讀書的城內印象。

從台灣商工學校（現在的開南高工）走出，越過三線道、新公園，就能看到暗夜中閃爍耀眼的菊元百貨。不過在剛上台北的龍瑛宗眼中，最吸引的城內風景卻是榮町的幾家書店。他迫不及待翻閱《中央公論》與《改造》雜誌，想趕緊跟上城市知識分子的話題，結果卻驚覺自己完全看不懂，便暗下決心，放學後要繼續來書店站著補課。

〈勁風與野草〉的小說主角杜南遠，即使置身煙花般的榮町，也無法不注意那些凝神看書的台北高校生。

台北高校是當時全台唯一的高等學校，一年只錄取百餘名，入學就等同拿到直升帝大的門票。校內曾有一項「讀書傾向」的問卷調查，有一題是「一個月的書籍開銷」，半數學生的回答落在三至五圓。把這些開銷換算成書籍數量，每個月約為三至五本書，而若考慮買文庫本或舊書，學生一個月很可能買進十幾本書！

這些學生無論文科和理科，都喜歡看文學和哲學，他們愛讀夏目漱石、志賀直哉的作品和德國的哲學類，以備將來當指導者時，思想免於偏差而維持平衡感覺。

龍瑛宗藉由杜南遠之眼，描繪高校生奔放的思想，也透露出自己嚮往的讀書生活。他最後以全校第三名的成績畢業，獲老師推薦，進入台灣銀行工作。在打算盤的日子裡，龍瑛宗也不忘抓緊時間翻書頁，暗許三十歲以前要到達大學程度。

在龍瑛宗成名的小說《植有木瓜樹的小鎮》裡，主角陳有三不論收支表如何捉襟見肘，都堅持讓買書費占有八分之一的預算。現實中，求知若渴的龍瑛宗則有更精明的讀書規畫，即使新高堂就在銀行斜對面，他最常去的卻是公司後方的總督府圖書館。靠著圖書館館員金狗兄的幫忙，他接觸到市面罕見的俄國文學，包括他最難忘的安特列夫《赤色的笑》。

此外，他也常跑舊書店。那時正值日本出版革命的「円本時代」，一本一円的書籍大量傾銷至各個殖民地書店，而龍瑛宗就在這潮流中撈到一套《世界大思想全集》，遇到了托爾斯泰、泰戈爾與胡適。

一九三六年，他無意翻見一本過期的《改造》雜誌，發現得獎小說的作者張赫宙竟是朝鮮人。「既然他會創作，我也應該試一試吧！」二十六歲的龍瑛宗雖然在銀行數了六年的鈔票，但一提筆，就再也抑制不住自己的文學能量，隔年就以〈植有木瓜樹的小鎮〉獲選為《改造》第九回懸賞小說佳作獎。文中的林杏南之子曾絮絮叨叨地對陳有三說了這段話：

台灣總督府圖書館。該建築原為總督府發行彩券的「彩票局」，後移作博物館之用，一九一五年才成為圖書館用地，是日治時期唯一的官立圖書館。該建築已與戰爭時期炸毀。（台大舊照片資料庫提供）

雖然我也託台北的友人寄些舊雜誌和舊書，但僅能買一點而已，雜誌是買隔月的《XX》，因為《XX》雜誌不但分析日本的現象，而且也大為介紹海外的思潮。……另外單行本方面，深受感動的是恩格斯的《家族、私有財產、國家的起源》。我完全被折服了，原來的觀念零零落落的崩潰了。忍受再大的痛苦，也只希望能讀讀書。真想讀〈阿Q正傳〉、高爾基的作品以及摩爾根的《古代社會之研究》等書，但台北的友人說均買不到舊書，買新書又沒錢，這真是沒辦法……。

龍瑛宗在台北的閱讀經驗不只給予踏入文學界的契機，也成就了文學中的思想來源。他是瀏覽書店風景的杜南遠，是渴望書籍的陳有三，也是抱持社會主義理想的林杏南之子。

書店街繁華不在，但是書店的故事仍繼續在街角、巷弄傳頌

現在的衡陽路由水泥建物與直角窗格堆疊拼貼，早已不是冊頁翻飛的榮町書店戰場，行人只能從剖半的山牆、塗上油漆的磚壁間，窺見近百年前的時代風華。衡陽路五十一號的聳立高樓，就有一環古味典雅的立面，彷彿是一張街景繪葉書的倒影，弧形騎樓與花瓣般的山牆，都與圖中的文明堂極為相似。

再細瞧前方路口的金石堂書店，其實也有若隱若現的磚牆與橫樑。這棟建築在日治時期是全台第一的攝影器材名店「西尾商店」，販售相機、顯影藥品，也賣望遠鏡、顯微鏡。不過西尾的名號會如此響亮，更因為包裝紙上標示的「東京小西六本店代理店」。小西六本店是日本攝影工業先驅，也就是戰後與柯達、富士齊名的「柯尼卡」。

全台第一的攝影器材店與全台第一的書店，面對面，鎮守通往新公園的榮町通兩側。然而，兩棟「第一」在二十世紀末卻迎來不同的命運：東方大樓替換掉新高堂；金石堂書店則進駐西尾的店屋，成為台灣第一家連鎖書店的首家分店。

這個十字路口是百年台北書街的起點與終點。新高堂向西開啟了榮町通，東方出版社面北見證了重慶南路，而如今，金石堂接棒掀起的書店革命，卻早已終結掉書店匯集的傳奇。重慶南路，甚至台北，都不再是書店唯一的歸屬。然而，新時代或許仍有下一個龍瑛宗，繼續在其他街角、巷弄裡翻開自己的書店故事。

六、

摩登時代，大家來跳舞

——思想啟蒙了，身體隨之解放

每個人心裡都有隻鳥兒，用盡氣力，
只為順利脫離地心引力，獲得那瞬間的自由，

「啊——」「呀——」尖叫，除了尖叫還是尖叫！

後面的嚷著「走快點！」前面的回頭喊「不要擠！」

這一夜，台北人比白天的太陽還熱情。一九三六年七月初，平時人來人往的西門町二丁目「大世界館」異常熱鬧，知識分子、學生、咖啡店女給、女工，把幾條街道擠得水洩不通。美麗的朝鮮舞蹈家崔承喜，今晚將在此表演現代舞。

「大世界館」座落於西門町，今日的成都路八十一號。熱鬧的程度和現址的KTV一樣，一九三〇年代這裡是台灣人看戲看電影的好所在。但崔承喜不是影劇明星，台灣人對現代舞也不熟悉，那麼，日治時代的台灣人怎會為她如此著迷？

是不是那種性感豔麗，迫使女人滿懷戒心的美女？不，崔承喜不是。男人欣賞她的風采與萬千儀態，女人或許想掙脫家庭束縛，或者逃離媒妁之言，她們幻想自己能和崔承喜一樣，靠著才能和努力獨立自主。要是能像崔承喜就好了，這麼一來整個世界都將是舞台。

百年前就有韓流，捲起台日跳舞風潮

崔承喜曾被川端康成譽為「擁有出色的肢體表現、驚人的力道、正值跳舞年紀的她，富有顯著的民族特色，是日本最棒的舞蹈家」。一九三四年，她在東京發表第一次創作舞蹈，雖然演出當晚風雨交加，地點又在交通不便的明治神宮外苑日本青年會館，沒想到竟然盛況空前。

崔承喜因此一舉成名，不僅文化界好評不斷，川端康成還特別稱讚她的朝鮮舞《エヘン・ノアラ》。頭戴羽毛高帽，舞著白色水袖，身著朝鮮傳統服飾，長裙旋起如風，彷彿一團橘紅烈焰從日本延燒到台灣。台灣人發現，原來，身體就可以傳達情感和民族精神，原來，隨著音樂律動可以這麼美。

其實，舞蹈在朝鮮人的世界裡，本是寄生在酒席間娛樂客人的低俗粗鄙行業，崔承喜原來也這麼想。直到十五歲時，她在京城（首爾）看到日本舞蹈家石井漠的幾支舞作，《被囚禁的人》、《憂鬱》、《蘇爾薇琪之歌》，從此愛上了這種身體表達形式。於是她走到後台見了石井漠，成為他的弟子，將父母的勸阻置若罔聞，追隨舞團前往東京。她在自傳中形容初見現代舞的激動：

「撼動心弦！」「我可以走的路，除此之外沒有別的！」

這回的大世界館演出，是崔承喜應「台灣文藝聯盟」吳坤煌之邀請，第二次來台。一九二九年第一次來台灣的她，仍是石井漠舞團的一名成員，這次再訪，已經是極富盛名的舞蹈家了，演出費遠遠超過當年石井漠舞團訪台的價碼好幾倍。

一九三〇年代的台灣，現代藝術尚在萌芽。雖然先有音樂家江文也、雕刻家黃土水、畫界「台展三少年」陳進、林玉山、郭雪湖，然而舞蹈界卻仍是荒漠一片。台灣文藝聯盟邀請崔承喜演出，全由人在東京的詩人吳坤煌策畫，想透過同為殖民地出身、卻已風靡日本的舞蹈家，為台灣帶來舞蹈藝術的氣息，或許還能為民族藝術帶來些許靈光。

日韓舞蹈家訪台，啟蒙台灣現代舞，藉身體表達對自由的追求

吳坤煌希望石井漠和崔承喜，能將台灣的舞蹈提升到藝術的層次。

一九二九年石井漠的演出，真的點燃了一名台灣少女對舞蹈的熱情。蔡瑞月自台南女中畢業後，期望赴日習舞卻不被父親允許，心急之下寄了一封信給東京的石井漠，沒想到盼來的不止是回信，還有入學許可。

日本現代舞之父石井漠
（蔡瑞月文化基金會提供）

一九三六年崔承喜演出時，台下也有一名少年懷著想飛的夢。出身淡水商賈世家的林明德原本欽慕中國文化，甚至拒斥日本而至廈門求學。但看完崔承喜演出那個晚上，他一夕決定前往日本大學藝術科，跟隨崔承喜學習西洋古典舞蹈，後來又拜師石井漠學習現代舞。

他們二人承受鄉人的指指點點，只為追逐飛翔的夢想。對中國傳統戲曲情有獨鍾的林明德，編舞時加入許多京劇元素，擅長女裝舞蹈的他被稱為「台灣的梅蘭芳」，也成為台灣第一位舉行個人舞展的男舞者。當時學舞的出師條件，是返鄉舉行個人舞展，蔡瑞月卻遺憾地因為二戰局勢危險不能返台，未能如願。

這兩位舞者，一如吳坤煌所願，見證了台灣打開現代舞視野。只是，這註定是一條漫漫長路。一九三七年，台灣文藝聯盟遭到總督府搜查，停止運作、所有的活動停辦，《台灣文藝》雜誌也停刊。吳坤煌在返回東京時被控「違反治安維持法」，遭拘禁十個月。

文學家張深切回憶原因，曾說「自從文聯主辦了崔小姐的舞蹈會之後，日本政府對我們更加壓迫」。而報紙的記載也指出，「邀請舞蹈家崔承喜到台灣各地公演，企圖以舞蹈促成民族啟蒙運動等各方面的鬥爭」。隨著日本帝國的擴張野心漸強，對殖民地人民的聯合活動也益發警戒，當局顯然對文藝啟蒙有所不滿，故假藉舞蹈之名整肅。雖然人事已非、真相難明，但人的身體竟暗藏追求自由民族的精神，想必震驚了殖民政府。

再過不久，便傳來二次大戰的煙硝砲火，藝文活動與政治運動一併面臨嚴格的檢查。台灣文藝聯盟的活動雖然中止，但他們追求的民族意識與奔放自由，卻已滲入民間，跳舞的

日韓舞蹈家相繼訪台，啟蒙台灣現代舞者，藉身體表達對自由的追求。（蔡瑞月文化基金會提供）

風氣逐漸開展。生活在日本時代的都市，人們不只可以自由觀賞舞蹈演出，還能身體力行，親自跳起各式各樣的舞蹈！

台北與世界同步跳探戈、狐步，摩登男女趨之若鶩

由崔承喜帶動、自由奔放舒展身體的渴望轉了個彎，繞道交際舞，瀰漫在台北這個繽紛的大都會。

大正時代開啟了浪漫的跳舞時代。自由戀愛一詞，突然由報紙和年輕人口中流瀉而出，成為時代的鮮明思想印記。「男女授受不親」觀念逐漸衰微，人與人之間開始名正言順透過身體接觸來表達情感。昭和初期，台北繼上海、東京之後，也跟著流行起西洋音樂，紐約最紅的《威靈頓公爵》樂團迴盪在樂迷的客廳，咖啡屋和酒館也擺上蓄音機，咖啡店女給也多了陪客人跳舞的服務。

西洋交際舞由歐美傳到上海、東京、台北，成為時代流行的代表。〈My Blue Heaven〉這首狐步舞曲在歐美日大都會竄紅，台北也幾乎不落人後地與世界同步。華爾滋、探戈、狐步舞，都是一九三〇年代台北最熱門的關鍵字。戲稱「黑貓」、「黑狗」的年輕男女，在咖啡屋、酒館、舞廳內相擁而舞，追求新穎、進步的觀念，努力要實踐「維新世界」、「自由戀愛」。

愛跳舞的心不分種族，日本人與本島人都愛交際舞。小說家龍瑛宗在〈詩人的華爾滋〉裡，描述了昭和六年時台北舞廳的繁華盛景。以西門町附近的「羽衣」為例，「舞廳的常客，並不是台灣人，而是日本人的摩男和摩女（即摩登少年與少女的簡稱）」，而小說主角、詩人K氏光顧的這家舞廳常客則是本島人。

「彩色閃光照耀著舞池，蓬拆蓬拆的旋律盈耳。一大群中國的摩登少年和女郎擁抱著在跳來跳去。」

不過，交際舞剛傳入時，專門跳舞的舞廳、舞場還未出現。一九三〇年，大稻埕和萬華的跳舞同好率先成立會員制的俱樂部，在日新町二丁目的會館舉辦舞蹈會，像這樣的聚會成了舞廳舞場的前身。

交際舞逐漸風靡台北，咖啡屋紛紛改裝酒吧與包廂，舞廳舞場愈開愈多。台北最有名的大舞廳，當屬延平北路的的「第一舞廳」了。被譽為「台北咖啡屋界雙璧」的公園獅和巴咖啡屋也不遑多讓，播放西洋爵士樂和日本傳統小曲，還有短髮洋裝的女給共舞，知識分子個個陶醉在華爾滋的曼妙旋律和女給姣好的身影裡。

〈跳舞時代〉唱出台灣新女性的時代心聲

交際舞如此風行，如果還有文人不學跳舞，反而老留在房間裡和藝旦唱小曲、玩擊缽吟，那可就太遜啦。因此，就連古典詩人也趕上了這股風潮。萬華高山吟社就曾以「跳舞女」為題，要求詩人在舞步節拍中擊鉢吟詩。左詞宗王省三就有一首作品：

文明今世女，歌踏趁時潮；宛轉移蓮步，蹁躚舞柳腰。形容無限好，體態不勝嬌；夜會堪為樂，雙雙握手跳。

若想知道摩登男女跳舞時的心情，就直接聽歌吧。聽一九三三年台灣流行歌曲〈跳舞時代〉如何記錄一名愛跳舞女子的心聲：

阮是文明女，東西南北自由志
逍遙恰自在，世事怎樣阮不知
阮只知文明時代，社交愛公開
男女雙雙，排做一排，跳 Tororo 我尚蓋愛

這首歌由古倫美亞唱片公司發行，歌手是全台最有名的純純，歌詞「Tororo」即是狐步舞的意思，編曲也是採用狐步舞的旋律，歌詞奔放。台灣第一代音樂家郭芝苑就曾這麼說：「當時最先流行的社交舞是華爾滋、探戈，再來是倫巴、吉魯巴和狐步舞，戰後台灣光復，

恰恰和曼波舞才逐漸流行起來。」〈跳舞時代〉不止唱出一名愛舞女子的心情，也是台灣新女性的時代心聲。

不過，歌詞裡的「文明女」，乍看與古典詩人王省三筆下的「文明今世女」相同，實際上可差多了。跳舞時代的「文明女」是台灣新女性，不僅改穿西式洋裝、學習*國語，還東西南北四處跑。她們丟掉又臭又長的裹腳布，腳趾伸展了，心情舒暢了，愛去哪就去哪，約幾個朋友、找個好天氣遊街去，毫不在乎沿路無聊男子的輕薄取笑。

相較之下，古典漢詩人寫的則是為討生活下海的「職業舞女」，包含咖啡店女給、舞廳的舞女，處境比起娼妓雖然稍好，在世人眼裡仍屬風塵女子。

費一圓買票，可以連抱七八個胸粘胸，任你緊抱著亦不要緊。

小說家徐坤泉筆下，沉浸在歌舞中的青年如此描述跳舞的飄飄然快感。不過，無憂無慮的好日子畢竟不多。一九三八年起，戰爭吃緊，前方將士浴血奮戰，後方城市豈容衣香鬢影的歌舞？一九四〇年，台北餐飲及娛樂界為了響應「興亞奉公日」政策，每月一號皆自動休息一天。

日治末期台北最大的電影院、擁有兩千多個座位的「第一劇場」，該年八月底就不敵輿論壓力，決定關閉內部的「第一舞廳」，台灣第一個跳舞時代的象徵就此劃下句點。戰火延燒的年月容不下歡逸的歌舞，一九三〇年代舞蹈乍現的自由與奔放幾乎歸零。

＊日文

蔡瑞月的〈印度之歌〉是台灣第一支現代舞。（蔡瑞月文化基金會提供）

蔡瑞月在舞蹈社指導學生。（蔡瑞月文化基金會提供）

白色恐怖籠罩，連自己的身體也不得自由

一九四五年，戰爭結束，被後人譽為「台灣現代舞之母」的蔡瑞月，乘著《大久丸》學成歸台。對台灣人而言現代舞仍是太前衛的技藝，即使船上多是有識之士，卻一樣好奇。蔡瑞月應友人要求表演了幾次，台灣的第一、第二支現代舞作品〈印度之歌〉、〈咱愛咱台灣〉就誕生在美麗的太平洋上。

回台後蔡瑞月教舞、演出、舉辦發表會，不久便與台灣大學教授雷石榆相戀結婚。雷石榆曾留學日本，參加過左翼作家聯盟，也組過詩社。詩人丈夫形容她的舞姿像美麗的海燕：

假如我是一隻海燕
永遠也不會害怕
也不會憂愁
我愛在狂風雨中翱翔
剪破一個巨浪又一個巨浪

婚後她依然教舞、演出、舉辦發表會，即使懷著身孕也未曾暫歇。但懷抱左翼思想的丈夫卻被扣上「匪諜」的罪名，遭台灣驅逐出境而到了中國，夫妻就此分隔海峽兩岸。

好不容易收到丈夫來信，蔡瑞月卻因此被扣上「知匪不報」的罪名，失去自由，失去舞台，更與襁褓中的兒子硬生生分離，此生不知能否再見。她連姓名也被奪走，取而代之的是「綠島十五號」。

「你可以拘禁我的身體，但是你永遠抓不到我的靈魂。」蔡瑞月心想。窄小的牢房內關了將近二十來人，雙腿根本無法伸直，連躺下睡覺也要輪班。於是蔡瑞月教導眾人拉筋放鬆的方法，將整座牢房改造成愛舞人的排練場。

出獄後，蔡瑞月雖然再度穿上舞衣，看似重獲自由，但她出獄後的舞作，泰半是酬應政府的中國民族情調現代舞，像是〈虞姬舞劍〉、〈貴妃醉酒〉、〈苗女弄杯〉，都成為台灣人對「蔡瑞月」三字的最初印象。

恐怕是錯認了，真的她不在那些舞裡頭。

不能隨心編舞跳舞的蔡瑞月，不堪處處受限，只得把「蔡瑞月舞蹈研究社」更名為「中華舞蹈社」，求個不受干擾、專心教舞的安穩。

文章窮而後工，藝術亦然。牢獄的苦難讓她編出代表作〈傀儡上陣〉。舞者面上兩團桃紅色胭脂，誇張的妝容反襯出面無表情的僵硬臉龐，人偶舞者命懸一線——操偶師手中的線。傀儡只有少數幾個八拍能脫離掌控，每一次趁隙逃離，她都迫不及待往台側的搖籃走去，才剛抱起嬰兒就被操偶師發現，她只好放下，任由身體被拉回原處。

長達十幾分鐘的舞碼裡，她反覆地逃離、抱起、放下、被拉回……。

「分明是傀儡，為什麼舞者有時能脫離操偶師的掌控？」台下觀眾舉手發問。主持人、蔡瑞月的學生兼媳婦蕭渥廷答道：「在那段全然失去自由的日子裡，蔡老師只有在夢裡才能和孩子相見。」

或許見了比不見更痛。縱使舞者能逃離操偶師或舞台，而蔡瑞月最後還是出了獄，在這個人人皆可能是統治者眼線的年代，無人真正自由。

剪破一個又一個巨浪的
海燕，能否飛得出心的牢
籠？

葉石濤小說〈紅鞋子〉將戰後的島嶼描述成一個荒蕪而饑餓的世界，「大家窮得連三餐溫飽都成問題的時候，哪有錢和閒暇去支持舞蹈藝術？」主角簡阿陶對一頭熱情的舞蹈

詩人與舞者——雷石榆與蔡瑞月（蔡瑞月文化基金會提供）

家甘瑞月說。但甘瑞月不氣餒，對未來充滿了信心。

我相信，我們台灣人有這種特別的天才。我們在三百年的歷史上吸收了各種殊異的舞蹈傳統；譬如山地原住民和平埔族的舞蹈傳統或廟會，民間的各色各樣舞蹈都有豐富強烈的地方色彩。……我以為台灣的舞蹈藝術有一天會開花結果的。

她愈講愈起勁，跟著手舞足蹈起來。〈紅鞋子〉的甘瑞月，正是以蔡瑞月為藍本。雖然葉石濤並未一語成讖，舞蹈的支持者大有人在，而且蔡瑞月的中華舞蹈社極盛時曾有四百多名學生，但她的舞蹈生涯卻不輕鬆。

終其一生，她都未走出白色恐怖的陰影。來自日本、韓國的多次演出邀約，皆無法順利成行；即使只是出國欣賞表演，也都要偽裝才敢進場。

出獄後，蔡瑞月仍舊不斷接受調查、定期向「上級」會報行蹤與活動內容。她還在官方指示下編排許多中國民族風的舞蹈，但她真正想編的舞、詩人丈夫歌頌過的那隻海燕，卻仍舊在心底冬眠。幸好有一枝小說家的筆替她言語，儘管那是許多年後的事了。

朱少麟千禧年前出版的小說《燕子》裡，主角阿芳一路跌跌撞撞，摸索良久，終於參透跳好雙人舞的祕密：

「二哥和那個男舞者的雙人舞令人深深動容，張力豈止萬千，情意豈止纏綿。」「雙人舞者之間的關係，大概只有雙飛的燕子才能了解吧？」

往昔海燕安在否？其實早在一九七〇年代，雷石榆已託人帶信，邀請妻子到中國團聚。蔡瑞月因顧慮兒子在台灣的前途而未答應，但心知重逢機會渺茫，念及雷家三代單傳，遂託學生回信：「各自嫁娶，不用等待。」

海峽那一頭的雷石榆歷經文革劫難後再娶，而身邊不乏追求者的蔡瑞月則依舊守著舞蹈社。分離四十年後台灣開放大陸探親，一家三口才在河北保定重聚。重逢前，激動不已的雷石榆曾賦詩一首：

蓬萊恩愛兩春秋，先後無辜作楚囚。隔別天涯四十載，寒風侵染一霜頭。
海峽萬重險浪隔，如磐風雨喜見收。生離三代杜鵑血，相聚今朝一泯愁。
——雷石榆《突聞來聚喜訊有感》，作於一九九〇年與蔡瑞月重逢前

火車緩緩駛進保定車站，重逢的那一刻，他們之間的距離終於從一座海峽縮短到咫尺之遙，兩人卻連半個字也吐不出來，愣愣地望著對方。所謂「相見不相識」大概就是這樣吧。

她回台灣了，但丈夫沒有。至少她還有舞蹈社。學生很多，每天早上大門一開，地板擦乾淨後，腳步聲直到夜深都沒停過。

台灣百年舞蹈史的縮影

蔡瑞月一生充滿波瀾，就連晚年也過得驚心動魄。白色恐怖陰影猶在，她總是在半夜被噩夢嚇醒，健康每況愈下，最後和兒子遠赴澳洲，好不容易才過著平靜安適的生活。

沒想到安和的日子也不久長。一九九四年由於捷運工程的緣故，舞蹈社面臨拆除危機。蕭渥廷串連藝文界發動「搶救舞蹈社」系列活動。預定拆遷那一日，為了阻擋怪手進入，藝文界二十四小時馬拉松接力表演。其中的行動劇《我的家在空中》更僱來大型吊車將H型鋼升到十五層樓高，安排三名舞者在上頭搏命演出。眾人這些努力後總算獲得「暫緩拆除」的結果，將舞蹈社保留下來。

台北藝術運動——行動劇《我的家在空中》（蔡瑞月文化基金會提供）

「中華舞蹈社」經過四年的申請終被認定為市定三級古蹟。蔡瑞月為此高興得再度返台，打算重現個人舞作。然而就在記者會後不到二十四小時，舞蹈社便遭不明人士縱火，建築物半毀，珍貴史料和照片皆化為灰燼。

舞蹈社火吻之後緩步重建，蔡瑞月卻已於二〇〇五年病逝。在她的作品中，後人仍能清楚看見那名愛跳舞少女的初心：對人體躍動之美的感動、呼吸自由空氣的解脫、靈魂被觸動、被天命召喚時的震撼。朱少麟的《燕子》細細描繪了那樣的心境：

當舞台上傳來音樂，一束亮銀色的燈光投射在黑衣的她的身上，她所扮演的燕子翩翩舞起時，當場我落淚如雨，我的左衝右撞的靈魂終於鑿開了決口，那隻燕子就此棲進我內心深處。……我多麼希望能像她跳得那般自由。

豈止是蔡瑞月，每個學舞之人都心懷一隻鳥兒，等待有朝一日開始牠巨大的飛翔。

距離崔承喜來台已經七十多年，知曉這位朝鮮舞姬名號的人已經不多，但渴望自由舞動的身體卻在台北處處湧現。國家戲劇院幾乎每週都有舞蹈演出，台北市的每個角落都可能藏著一座練舞場；小型現代舞團林立，大型舞團如雲門舞集早已揚名世界。

將近一百年來，儘管政權更迭、戰爭動盪，都關不住每個人心裡那隻鳥兒。大風起兮羽飛揚，用盡畢生氣力，只為順利脫離地心引力那秒的自由飛翔。

七、

紙醉金迷大稻埕

——台灣最富庶繁華之地，也是民主文化的溫床

茶產葉奠定大稻埕在台灣的經濟地位，
也拴緊了台灣與世界接軌的樞紐，
富豪生活形態帶動生活品味與飲食味蕾。

位於蓬萊町的靜修女中，由天主教道明會所設，西班牙建築外觀，是大稻埕著名地標。一九二一年十月十七日，來自醫學專門學校、台北師範、高等農林、台中商業學校、台北工業學校的學生及知識分子三百餘人，聚集於此，參加「台灣文化協會成立大會」。會中全體一致推舉林獻堂為總理，楊吉臣為協理，蔣渭水為專務理事，創會成員總數超過千人，正式吹起文裝抗日的號角。

成立大會選定在這裡舉辦，是因為這是西方人開辦的學校，日警不致來干擾，雖然協會辦公地點就緊鄰大稻埕最繁華的南街，註定受到最高程度的矚目。

大稻埕在艋舺以北約兩公里，若推遠到一百六十年前，還只是荒涼的淡水河邊零星曬穀場。直到艋舺兩股來自閩南泉州人的勢力，三邑人與同安人，在一八五三年爆發所謂「頂下郊拼」的族群衝突，落居頹勢的同安人在林右藻率領下，揹著霞海城隍爺神像到此落腳，慢慢安奉神明，復原商號做生意，才開始建立起熱鬧的市街。

同安人經營的大稻埕，最先與艋舺一樣以南北貨為主要生意。但在一八六〇年代之後，英法聯軍打開中國港埠，洋行進入台灣，將茶葉送到大稻埕，也把大稻埕送進世界。

到了一八八〇年，大稻埕已經是製茶工廠、茶棧、茶行的集中地，而且成為中西貿易談判的交接場。日治時期，來自四面八方的漢人不斷融合，摸索出適應新世界的市場操作，在這裡創造出一種全新的都市文化生活，揭開了台北美好時代的意義。

南街，全台灣最豐饒、世界物質文明匯集的市集

出身大稻埕的畫家郭雪湖，一九三〇年以《南街殷賑》獲得第四屆台灣美術展覽會「台展賞」，這幅作品生動地描繪了一九二〇年代大稻埕的風情。

所謂南街，就是現在的迪化街一段，《南街殷賑》畫面的中心是素來香火鼎盛的霞海城隍廟。這時，雖然日本殖民統治已經二十幾年，但台灣人的宗教信仰仍保有薪火相傳的溫度。不過，世俗商業的熱度似乎更旺，把原本依傍霞海城隍廟的大稻埕，推向更廣大的格局，帶出另一種生活。

《南街殷賑》中，霞海城隍廟雖居圖面中心，卻淹沒在高聳的街樓、琳瑯的招牌、綿延的人潮、滿溢的貨品裡。懸在兩側的中元旗幟，透露這是採購普渡用品的季節。來大稻埕必逛的市場「南園」販賣著當季新鮮水果，二樓有大甲藺草的遮陽涼帽和番地的奇風服飾藝品，隔壁即是頗富盛名的黃裕源布行，進口各國布料，對街乾元老山高麗人蔘、茂元藥店、高砂木瓜糖店等則販賣風土名產，是日本人回國最愛的伴手禮。

大稻埕的慶典中，規模最大、最為知名的，還數五月十三日城隍生日。這些熱鬧非凡的市集，不只大稻埕人關心，更是台北人的大事。張文環在〈藝旦之家〉這篇小說中，描述藝旦采雲對城隍生日祭儀念念不忘，寫的就是生為一名台北人的時代心情：

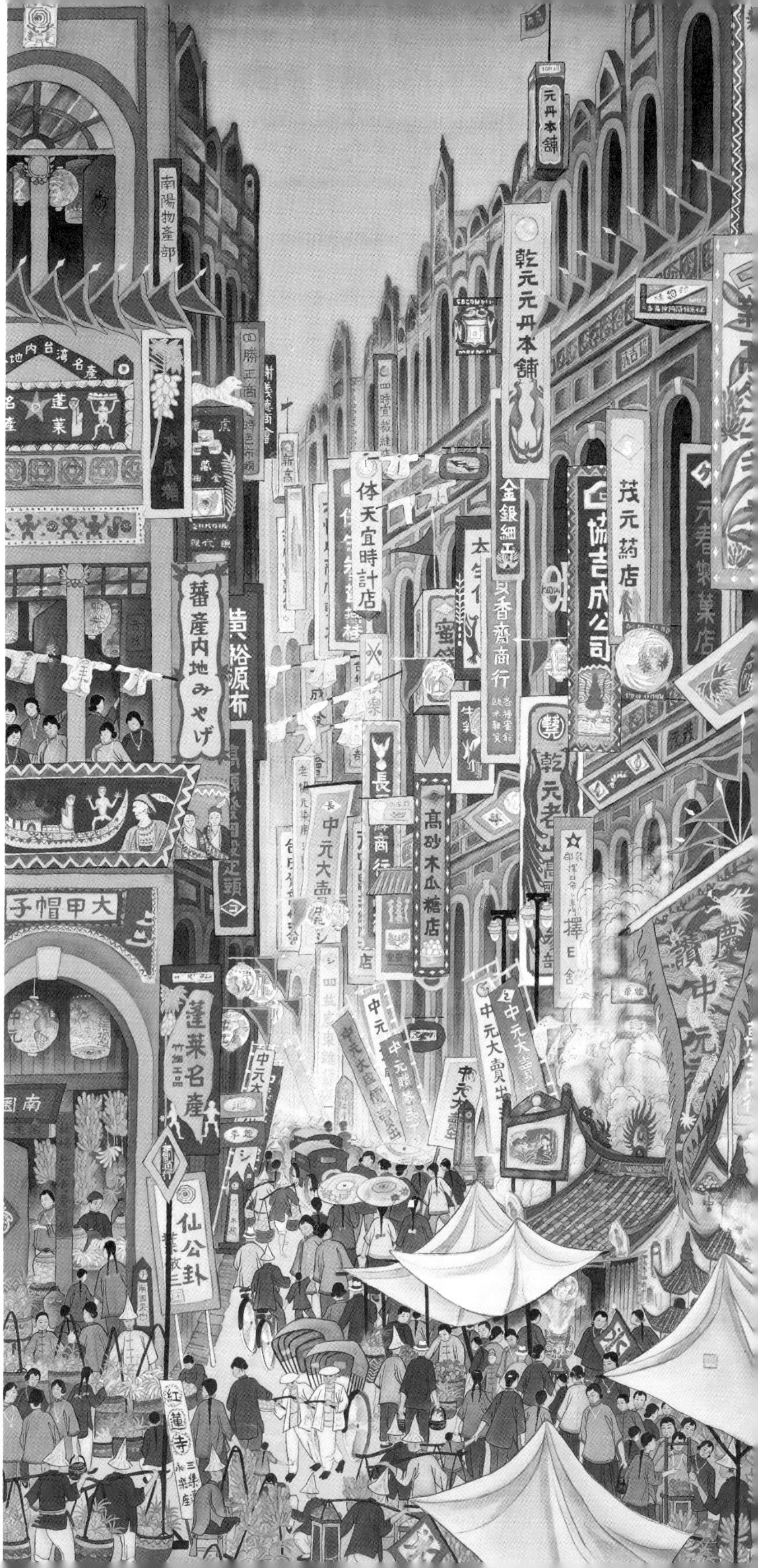

郭雪湖的《南街殷賑》生動地描繪了一九二〇年代大稻埕的風情。（台北市立美術館典藏）

那是五月十三日那天。這一天是台北一年中最大拜拜的日子，有大規模遊行……一個台北人不能住在台北，也不能去城隍廟裡燒燒香，這使她覺得不知是為了什麼而活著。

采雲對南街的念念不忘，不是為了大稻埕的在地信仰，而是作為台北人的心情，因為這裡是全台灣最豐饒、全世界物質文明匯集的市集。郭雪湖畫筆下，混雜著各種服裝的男女老少，南北貨、中藥行、時計店（鐘錶店）、相命館、俱樂部，南街既東洋又西洋且本土。即使光陰如淡水河流過一百年，膠彩中的南街依然熠熠，而大稻埕，還有更深處可以走去。

台灣茶產業兩大家族，開創大稻埕富豪生活形態

由南街往淡水河畔走去，隔一條街就是貴德街。

阿爸，台灣茶輸出國外嗎？

輸出很多。台灣的貿易品中占很重要的一種哩。

茶的精製或輸出是在哪裡做的？

主要是大稻埕的茶商在做。茶商家裡有大工廠，很多人在工作。選差工作大都是女工在做。

這是台灣總督府發行的《公學校用國語讀本》中一篇名為「茶」的課文，雖然是宣傳日本為台灣茶產業設置加工與貿易中心，但在設計自然的父子對話中，也傳達出大稻埕是台灣茶輸出最關鍵的場所。

大稻埕的茶商，第一個要說的是「茶葉之父」李春生。李春生來自廈門，道光年間生在船家，幼時就常跑碼頭為父親送飯，還要走街串巷賣糖果協助家計。十五歲時，李春生在基督教長老教會受洗，沒有正規教育的他因此學到了卓越的英文能力，成為活躍於廈門商界的買辦。

經由英商怡記洋行店主愛利士的介紹，一八六五年李春生來到台灣，受聘於另一位洋行老闆陶德。李春生在廈門就有做茶葉生意的經驗，他與陶德合作，在台北文山山區推廣種茶。

這是台灣茶產業的開端。他們先收購粗茶運往廈門精製，而後又引進福建安溪的茶苗，並提供貸款輔導農民栽植。在陶德保證收成後全數收購的承議下，茶樹很快就在台灣生根。一八六九年蘇伊士運河開通，陶德與李春生僱了兩艘大帆船送台灣茶到紐約，獲得好評，也賺到訂單。「精選台灣烏龍茶」（Choicest Formosa Oolong Tea）橫空出世，台灣茶葉價格翻漲。閩南語稱茶葉為「茶米」，意味著一斤茶的價格等於一斤米，也奠定「茶」在台灣農業的地位。

茶葉銷量暴增，洋行不再需要把茶葉送到廈門精製，反而是轉為由中國的廈門及安溪僱工人到大稻埕就地做茶。其他洋商也聞到利益的香氣，紛紛趕到。一八七〇年，大稻埕已有五大洋行進駐，相當具有規模，後來甚至再擴張到六大洋行。他們集中在臨河的街道蓋洋樓，當時稱為六館街，即現今洋味依然濃烈的貴德街。

洋式樓房不是外國人獨有，也是台灣人茶葉生意的新景觀。漢人從洋行手中搶下市街的主宰權，繼「台茶之父」李春生之後，還要一提陳天來家族。陳天來土生土長在大稻埕，父親陳澤栗早年受聘廈門的怡記洋行，因而結識李春生，後來返回大稻埕創設「錦記茶行」。陳家原本做烏龍茶，但後來改製包種茶，為台北茶葉打開另一個新領域。錦記的包種茶主銷新加坡、砂勞越、北婆羅洲等南洋市場，陳天來家族因而累積豐厚資產。

由漢人茶商所推升的茶葉生意，一直延續到日本時代，模塑了南街殷賑的榮景。錦記茶行還代表另外一個時代意義。經商致富後，陳家特別從中國大陸僱請工匠來台建造新樓。一九二三年，這幢面寬五開間的「錦記茶行」落成，亦即後來的陳天來故居，今天的貴德街七十三號。

這棟洋樓樓高三層，是當時大稻埕最高、最美的建築物，尤其是二樓的華麗陽台，抬頭就可遠眺波光粼粼的淡水河上商船往來不息，內間更是不時茶酒飄香，耳畔總有絲竹管絃之聲。崛起的商賈、洋味的樓房，是大稻埕地區的政商名流、藝旦歌伎聚會交遊的殿堂，全新的豪富生活型態也由此展開。

以商圍政，百年前茶產業已經做了示範

清末把台灣茶推向世界舞台的大稻埕茶商，到了日治時期更加活躍。一九一三年四月，「明治紀念拓殖博覽會」在大阪市天王寺公園舉行。台灣總督府為了向日本內地展示殖民碩果，邀請台北茶商公會進駐博覽會。茶商在台灣館前搭起了一間喫茶店，以台灣青竹為材料搭蓋，再聘來四、五名台籍青春少女當起服務員，販賣最著名的包種茶與烏龍茶。

諸凡屋宇以及庭院結構體裁，一切純然仿台灣景象，令人觀之，有別一乾坤之思。

一時博覽會遊客爭相湧入，每天平均一千兩百人入場，為台灣茶在日本飄香立下功勞。一九一五年美國舊金山「巴拿馬太平洋國際博覽會」的福爾摩沙茶屋複製了「拓殖博覽會」的台灣喫茶店，引來美國民眾的追捧，來自福爾摩沙的黃金之葉帶著東方風情在北美持續飄香。

台灣茶揚名世界的好消息頻從海外傳來，一九三五年的「始政四十週年紀念台灣博覽

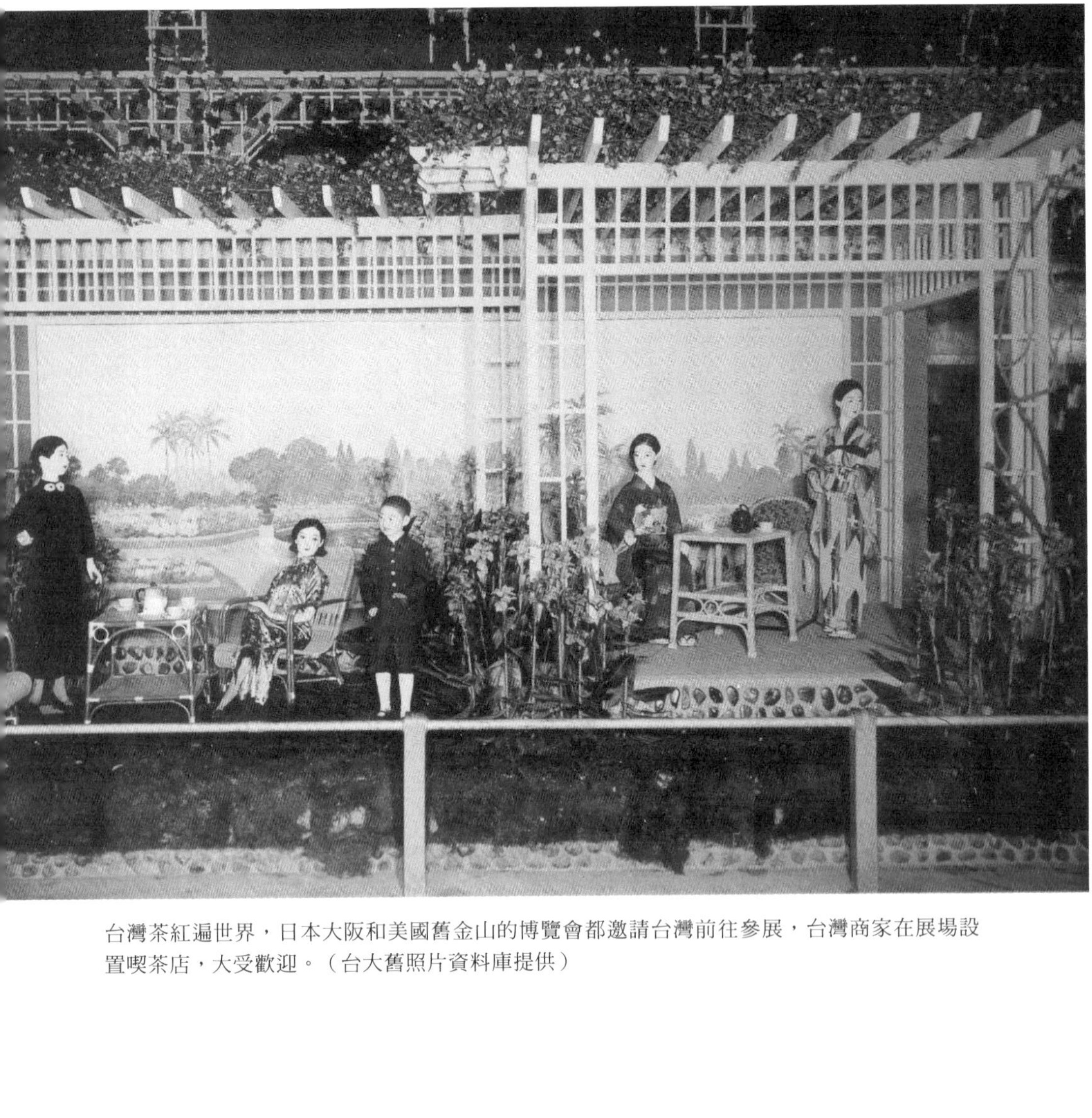

台灣茶紅遍世界，日本大阪和美國舊金山的博覽會都邀請台灣前往參展，台灣商家在展場設置喫茶店，大受歡迎。（台大舊照片資料庫提供）

會」，更為台灣茶產業掙足了風光。

這個博覽會，總督府本來並沒有打算在本島人區域規畫展場，見過世面、有國際舞台經驗的大稻埕商人，便推舉茶商公會領袖陳天來，代表爭取在博覽會設置屬於台灣人的分館。鑑於茶產業的重要性，總督府不得不點頭同意，由大稻埕商人提出規畫，在街道上設置了一個占地四千坪的展場，以介紹暹羅、菲律賓、福建省特產為主題的「南方館」於是就移到大稻埕來。

台灣館一樣設了一間「台灣茶店」，布置成閩南家居樣式，可供參觀者飲茶休憩，擺設風雅浪漫，內掛漢文詩句，並有專職的捧茶小姐提供服務。不過，與會場的現代化風情大異其趣的是，當日台灣喫茶店內的捧茶少女都特意挑選纏足女子，成為勾引遊客追捧台灣特色的詭異因素。

種茶、賣茶，雖然在台灣歷史不算長，而且還是由洋人引進，但在一九三〇年代，卻無疑已經成為台灣印象的典型。喝茶，也成為日常生活不可或缺的習慣與生活方式。

喝茶，不只是生活習慣，也標示品味

《公學校用國語讀本》的課文〈茶〉裡頭，劇情是主角一家人收到叔叔寄自中壢的新茶，父親在政令宣導之後告訴兒子：

阿爸最喜歡喝茶。叫你媽出來，請她趕快泡一壺新茶來喝。

當時台灣本島大眾愛喝香片茶，即把種植於萬華、晨間新鮮採摘的茉莉花，揉進茶坯中窨制而成。香片茶的茶葉質量要求不高，因此價格低廉，加上吸取茉莉花味的茶湯清香甘甜，反而廣受一般庶民歡迎。一到茶季，潔白的茉莉與嫩黑的茶葉揉撚翻飛，也是台北一絕，曾有位滿身芬芳的採茶少女下班後搭公車回家，一上車就把司機先生迷倒了。

喝茶不僅是個人愛好，也走向公共空間。說巧也不巧，一九二四年開幕的「永樂座」戲院，就與大茶商陳天來興建洋樓的同年創立。

可容納一千兩百席的「永樂座」是當年台灣設備最先進的劇院，也是大稻埕最熱門的娛樂場所，而聽戲搭配喝茶，也成為當時台灣文人新的生活文化。日治時期的才子呂赫若，一九四三年七月二十三日在日記裡這樣寫著：

中午去永樂座調查「南寶舞台」的劇本。和林摶秋去城內並回公司。和廣播電台的朋友們喝茶。下班時，傅春鐙、傅雄飛來訪，乃一同去淡水河畔散步，走到大稻埕，在山水亭請他們吃晚飯。八點趕去廣播電台，九點廣播獨唱。

日治時期大稻埕的市街。因茶產業而崛起的大稻埕，南街（即今日的迪化街）是當時台灣最豐饒、匯集全世界物質文明的市集。（台大舊照片資料庫提供）

揀茶女（台大舊照片資料庫提供）

喝茶、聽戲，摩登時代的台北文青，去一趟大稻埕就能得到最大的滿足。

南北貨匯集，不斷開拓庶民駁雜而歡愉的味覺體系，奠定台灣的味覺

再回到南街來。這裡從日治以來就是台北人的年貨大街，一直到現在還是如此。年貨是南北貨的代名詞。何謂南北貨？雖然字源已不可考據，但一般認為「南北貨」一詞指的是從清末開始透過「南北郊」買賣的貨物。「郊」是盛行於華南及台灣的同業公會，與中國大陸沿海城市買賣密切，運進台灣的貨物便稱為「南北貨」。這些由外地輸入的農漁牧產品，貨源廣泛、品種豐富，所以「南北貨」亦有天南海北、種類齊備之意。

南北貨，供應了台灣所缺乏的重要食材。今天迪化街的南北貨擔負中外美食的任務，其內涵正是不斷接納異文化的擴充過程。當年頂下郊拼落敗後，林右藻家族帶領同安人來到大稻埕，開始經營「復振」、「復源」、「復興」三大商號，在台北、香港、廈門之間穿梭交流。日治時期的台灣，南北貨的來源更擴充至日本，直接或間接由東洋引進的西洋食物，包括農產海鮮、和洋果子、麵食糕餅，都在大稻埕這個台灣最重要的商業中心匯集融合。

大稻埕來自天南海北的族群，從日治時期至今超過一世紀，不斷開拓庶民社會駁雜而歡愉的味覺體系，透過「南北貨」也延伸了味覺的地理尺度，日治時期饕客琅琅上口地說「登

江山樓，吃台灣菜」，所謂的台灣菜系就是在這樣的背景下產生的。

大名鼎鼎的江山樓成立於一九二一年，菜餚可口，藝旦風雅，是大稻埕首屈一指的豪華酒樓。這裡的「台灣菜」不只台灣本地紳商喜愛，日本官員也很享受，皇太子裕仁一九二三年訪台時，更被指名提供御膳。

裕仁四月來到台北，根據《台灣日日新報》的記載，餐點由江山樓主人吳江山親自督導製作。吳江山率領的主廚團隊一週前就吃齋淨身準備，從大稻埕所能取得的最精選食材來設計菜單，最後端出的佳餚珍饈有：金錢火雞、雪白官燕窩、水晶鴿蛋、紅燒火翅、八寶焗鱘、紅燒水魚、炸春餅、海參竹茹、如意煲魚、火腿冬瓜，再加上八寶飯與杏仁茶當飯後甜點。

這些菜餚名稱考究，寓意吉祥，菜單的山珍海味，反映的正是一九二〇年代大稻埕南北貨概念裡的燕窩、魚翅、海參等最高檔素材。這些菜餚贏得了皇太子的讚譽，江山樓也聲名遠播。日本皇室加持過後，江山樓更加自信、更加大膽表現出貫通寰宇食材的台灣特色，確立了台灣的味覺。

一九二〇年代，以台灣菜為主的酒樓文化，來到了巔峰時期。無論是菜色、調理、服務、環境，還有娛樂節目，都日臻完善與豪華。原本豪富之家在私人宅邸設席的舊傳統，演變為一般庶民在公開酒樓宴飲的新文化。台籍文化菁英階層的社交生活，也在酒樓找到公共空間的意義。

去江山樓吃台灣菜，點藝旦陪酒，是身分地位的象徵，也是浪漫的感官享受。一九三五年始政四十週年紀念博覽會開幕式當天，見多識廣的林獻堂瀏覽展館、欣賞表演，在會場許多洋果子、麵食、冰淇淋、啤酒汽水的攤位裡淺嚐幾道，中間還散步到喫茶店休憩。林獻堂和兒子林雲龍當天最後的壓軸節目，便是在傍晚五點多鐘來到江山樓，他們享用了一頓精美的晚餐，美酒佳餚紛呈，美豔藝旦穿梭，撫慰了林獻堂馬不停蹄參觀博覽會的疲勞身心。

大稻埕催生了「台灣菜」，也是在大稻埕的台灣菜氛圍裡，文化菁英杯酒交錯之間，一步一步凝結了自主反抗的心。

經濟財富開啟文明智識，大稻埕也是民主文化的溫床

大稻埕的經濟財富與世俗口慾相互激盪，文明與開化的智識相隨開啟。台籍文化菁英也在一九二〇年代集結，最具代表性的人物，就是蔣渭水。

從迪化街向東走一個街廓，現在延平北路上「義美食品」所在地，就是當年蔣渭水新文化運動據點的「大安醫院」，在這裡形成了第一個全台性的文化組織，「台灣文化協會」。

蔣渭水不滿足於殖民地處境的台灣社會，為「名叫台灣的病人」診斷後開出了這樣一張「臨床講義」：

— 34 —

台灣民俗圖絵 二

立石鐵臣

飯店

大稻埕の永樂市場に櫛比する飲食店の一つ。手前の四人の足もとを注意してほしい。とにかく四種類の沓・草靴・足袋・跣といふわけになつてゐる。寫實である。

歩きまはつたら猪脚・鴨肉・冬粉・鯀魚・排骨酥・鹹粥・蚵仔粿・員子湯・黑棗湯・白粿湯—まだ見落したのが數々あるわけだが、まづこんな名の喰物飲物が眼についた。國語式にも私には讀めないのがある。讀めないものゝの方がうまさうで魅力がある。

立石鐵臣的台灣民俗圖繪——大稻埕（南天書局提供）

診斷：世界文化的低能兒。
原因：智識營養不良。
處方：正規學校教育—最大量

補習教育—最大量

幼稚園—最大量

圖書館—最大量

讀報社—最大量

就在大稻埕，蔣渭水召集一群有志一同的夥伴，發行文化會報、辦理文化義塾、舉辦文化講演團、設立文化書局、開辦知識講習會，具體而連貫地揭開了台灣新文化運動，「文化」儼然成為大稻埕台籍菁英的關鍵詞彙。

可惜壯志未成，一九三一年八月五日蔣渭水就因傷寒病逝台北醫院，時年四十歲。那一年正是《南街殷賑》獲獎的次年。他的革命戰友張晴川形容他逝世時「傷心身外一無餘，剩得蕭條數卷書，兒女遺孤猶在讀，親朋同志痛何如」。那一年，台灣人的革命尚未成功，同志仍在努力。

今日漫步大稻埕，「大稻埕一九二〇的變裝遊行」隊伍提倡台灣新文化節的口號飄過耳畔，南北貨、茶葉、中藥、布匹幾大支柱產業依舊興旺，便利商店隔壁的竹器行絲毫沒有氣餒衰敗的神色，城隍廟香火旺盛，月老睥睨著往來不息的塵世男女，磚紅色洋樓在歲月面前不改其高貴，供往來遊客追憶舊日繁華。

穿梭其間的既有採購南北貨的台灣本地行家，也有慕名而來的日本、大陸、歐美遊客。大稻埕儼然成為「懷舊」的樂園，卻又似乎永遠不曾老去。

台灣博覽會大稻埕分場入口（台大舊照片資料庫提供）

八、

嚇！滿街都是女人啊

——女性勞動勢力崛起，沛然莫之能禦

大稻埕茶產業，是女性勞動勢力崛起的背景，
也為繁華的市街，增旖旎春色，更帶動高級娛樂消費

百年不退流行的 台北文青生活 案內帖

微風從窗口吹進，好不容易為夏夜裡人滿為患的教室帶來一陣清涼。在大稻埕的夜間國語講習所裡，清一色女學生，正聚精會神地聽著台前師長教導日本禮儀。說也奇怪，這一大群女孩未免太過豔麗，和一般清湯掛麵的校園氣質全然不同。仔細一瞧，不得了，又是藝旦，又是女給，怎麼全台北有名的美人都來到這裡上課？

這個華麗場面出現在一九三五年，是日本統治台灣第四十年。殖民地史上最大的盛會「始政四十週年紀念台灣博覽會」將在這一年舉行，總督府為了讓活動更有看頭，除了硬體大興土木，更花許多心思於軟體規畫，美女歌舞便是其中一環。

官方透過管理台北地區風化業的兩處「檢番」，選拔轄內會說「國語」，也就是日語，且貌佳藝高的女子八十餘人，準備在博覽會期豔驚海內外來賓。這麼多美女齊聚一堂，便是在進行事前的祕密集訓。

國家動員下，佳麗成群的畫面在當時蔚為奇觀，似乎難得一見。但事實上，一百年前的台北街頭，綽約的女人身姿早就是都市風景的一部分。

台灣通史：滿街女人讓台北市況一振

當「實為奇觀」的評語，被派駐台北的日本人佐倉孫三，寫在他記錄遊台所見所聞的《台風雜記》一書時，這令他目不暇給、心癢撩撥的，正是眾女盤據大稻埕街頭的景象——每到製茶時節，摩肩的多是雲鬢紅袖，接踵的無非裙衩繡花。

曾任職於總督府的佐倉孫三，在一八九五年隨軍隊抵達台灣之前，從未料想到，由清廷接收而來的帝國邊陲，該是兵馬倥傯的化外之地，竟有如此風景！手中不會有相機，更不能在批踢踢表特版或臉書社群上傳美照，佐倉氏只能以筆取代攝影、用傳抄代替網路，於書中向後世分享他的「看妹」心得。

同年，與佐倉孫三足履同地、眼觀同景的美國人達飛聲（James Wheeler Davidson），也表達同樣心情。原為記者，後任美國駐台領事的他，除了對「一大群女孩子日夜氾濫於街中」很驚奇，也試圖理解這個現象。他想，這些妝容細緻、衣著漂亮、髮髻綴玉蘭花的年輕少女，就像自己家鄉為社交季盛裝打扮的仕女。只是太平洋彼岸風行的不是纏足而是高跟鞋，但女性愛美無分東西，都是難得表現自我的機會。

不是資訊月或電玩展，街上這一大群正妹，自然不是當代所熟悉的「show girl」，但同樣與產業緊密相連，同樣展演美麗姿態於仕事之間，不論走入茶房時的蓮步款款，還是端坐成群時那一整片「花裝柳態，紅綠相半」，都讓人們目不暇給。《台灣通史》更記載道，有了她們，「台北市況為之一振」。但她們到底是誰？由於皆為揀茶一事匯集此地，「揀茶女」一稱不脛而走。而這茶行林立、市街繁榮之處，便是台北大稻埕。

若講起稻江昔日榮景，就不能避談造就這小小河港成國際都會的茶葉貿易；若要談茶葉貿易，就不能避談揀茶女，這於指間催生大稻埕傳奇的幕後英雌。

茶產業催生揀茶女，女性勞動人口比例大增

製茶業本身需要大量人力，像挑茶青、揀枯梗這類精製茶所需的「揀茶」工作，又須具備細心與耐心。向來被農業社會視為多餘、非主要勞務人口的婦女，成為補充人力的上上之選。在製茶最繁忙的夏季，甚至會有茶行夥計，拿一條長長大竹篙，直接把路過婦女攔下來幫忙。

愈來愈多的女性放下針線，前往舊稱港町、永樂町，今天迪化街一帶的亭仔腳下，大竹簍前，「論工給價試量籮，弱手纖纖聲價多」。

雖然台北女性的街頭爭豔，對外國人來說新鮮有趣，但是台灣當地的傳統仕紳，未必樂見於此。

台南出生的漢詩人、筆名「蕉麓」的羅秀惠，足履踏上大稻埕時，注意到這女人滿街的獨特光景，在〈揀茶行〉一詩中寫道：

稻香濃樣茶香同，萬綠叢中無數紅，這是茶熟好時節，女紅不習習茶工。
兒家家住近城肆，薪貴米珠居不易，且喜茶歌入耳來，博得餘資佐簪珥。

「萬綠叢中無數紅」的揀茶女，既然可以「博得餘資佐簪珥」，除了展示其經濟自主的可能，也意味著她們於街頭爭奇鬥豔，開始活躍於公共空間。

羅秀惠先想像出揀茶女上工前，總先「準備鮮麗好衣裳，壓鬢堆花茉莉香」，而工作時「爭教新樣入時描，說與旁人渾不管」。短短幾句，看似單純描述其服裝形貌，但羅秀惠其實暗藏看不順眼的貶意，認為揀茶女只顧追逐外在物質華美，「女工不習習茶工」、「耕績無心針黹憚」，更是有違傳統。

羅秀惠這樣一位傳統仕紳，無法懂得女人為何不能待在家當賢妻良母，而要去學習別號「花花世界生」的自己揮金追捧的藝旦，當街拋頭露面。他終究只能搖搖頭，發出「蠶桑去古風已遠」的嘆息。

大稻埕街上的揀茶女，女性專注工作的美麗姿態，令市況為之一振。（台大舊照片資料庫提供）

文人對揀茶女沒有好評，市井之徒則更不友善，言語、肢體上的騷擾層出不窮。試想，一名少女憑勞力揀茶賺錢，忽遭一隻鹹豬手扣住細白手腕，還張著油膩臭嘴在耳際邊呼熱氣邊調戲：「可曾揀得客兄無？」……，是不是想要一巴掌揮過去？這頭豬哥若是一般無賴的鱸鰻，還能高聲呼救，但若是同行茶工或老闆，究竟該不該為頭路吞忍？

茶葉貿易讓大稻埕日進千金的同時，揀茶女的出現，也連帶改變了勞動生態的性別比例，更衝擊了當時社會的男女關係。

藝旦吟哦彈唱，頂級娛樂形式背後有滔滔金流

茶葉貿易讓大稻埕資金匯集、市街擴張、商賈崛起，也讓這裡成為娛樂消費基地。大稻埕的聲色榮景，可以用一棟樓房的傳奇來顯影。今天的歸綏街與甘州街的丁字路口，與普願宮隔條馬路相對的，是一棟不起眼的十層大樓。若將時光倒回日治時代，這裡卻是集美味與粉味於一身的名店「江山樓」。若轉個彎順著延平北路往南走幾百公尺，義美公司旁，還有「稻江烹調第一流」美名的「春風得意樓」。

「江山樓」、「春風得意樓」的料理並駕齊驅，但對慕名的男性而言，有人唱曲陪酒才是登樓重點，大老闆談生意更是免不了脂粉香味，應酬才能順利。當時市街俗諺「登江山樓，吃台灣菜」，內容不論是「聽藝旦唱曲」，或者是「叫藝旦陪酒」，都是最頂級的娛

樂指標。

當時有這麼一句俗諺：「未看見藝旦，免講大稻埕」，表示賣藝女子在都市無可替代的特殊地位。沒有能力上大酒樓、在藝旦間一擲千金的尋常百姓，如果在廟會或慶典見到藝閣表演，無不努力踮高腳尖、仰起頭頸，以求能夠瞥見一眼。大稻埕給人的鮮明印象，似乎始終穿梭著女性的美麗身影，先是揀茶女的纖纖柔荑，後是藝旦的吟哦彈唱。兩者泳渡的，同是茶產業背後那股滾滾金流。

江山樓一帶看似眾聲喧嘩，卻能在布局中窺探它隱藏的階級劃域。從碼頭沿著歸綏街往東前行，也會發現，離淡水河愈遠，就離洋樓巨宅愈遠，也離繁榮富裕愈遠。

再走，就是豪氣的江山樓。旁邊一排排其貌不揚的店屋、藝旦間和娼館，混雜在許多做小生意的店家之間。日治後期，這裡已是非法私娼的集散地，數量之多，「猶如白米飯上之蒼蠅般，揮之雖暫時飛走，但旋即又飛回來」！入夜後，到處都是塗著厚厚新竹白粉、衣衫清涼的本島女人，不是站在街頭搶著拉客，就是張開雙腿坐向路人招手。

日本人視這樣的大稻埕如「魔窟」，並形容它「非常可怕，興盛之人肉市場均每夜開市」，望之怯步。但對很多台灣人來說，這個小小的太平町四五丁目，卻是大大的花花世界。喜歡大場面的上酒樓，愛兩人世界的去「一樓一鳳」藝旦間。醒目的「江山樓」，也成了尋芳此地的行動代號，內行人聽到這三個字便會心一笑。

若在今天的歸綏街一三九號門前停下，可以看到一排連棟雙層洋樓，那是日本時代留存至今的娼館建築群，包括一九二五年落成的著名娼館「文萌樓」。在營運的數十年中，這些娼館服務了許多不曾在歷史留名的勞工，見證了台北性產業繁華的百年歷史。

咖啡廳、百貨店興起，大稻埕職業女性展現新風貌

一九三〇年代，大眾消費潮流產生了變化，藝旦隨著講究排場的酒席一起式微。街頭潮男潮女簇擁在喫茶店、咖啡館裡，成為最新流行，大稻埕也不遑多讓，便是由維特咖啡屋揭開另一爭豔新齣。

藝旦必須具備彈曲奏琴、詩詞吟唱等技藝，她們出身多元，有的是父母為曲師或本身就是藝旦，從小就接受培養訓練而成。（中研院台史所）

日治時期市街俗諺：「登江山樓，吃台灣菜」，聽藝旦唱曲、陪酒，是當時最頂級的娛樂指標。（台北市文獻委員會）

曾改為酒家經營，日後被劃定為古蹟，今天延平北路與南京西路交叉的三角窗洋樓，便是維特咖啡屋。那異國情調的咖啡香，便是從二樓那已未見巴洛克繁複線條、展露現代主義風格的幾何長窗中飄下。

年輕貌美的本島女給穿梭客桌之間，嬌聲招呼無微不致；昏暗光線中忽見的則是摩登女郎的俏麗短髮與撩人曲線。後繼而起的舞廳更是歌舞喧囂。夜晚的大稻埕，不是剛跳完舞的摩登男女，就是扮裝講究的士紳摟著女給的纖腰，躍動節奏與昂揚情致，霸占了整條長街。

隨著咖啡廳、百貨店等新興產業興盛繁榮，女性從業人口因而大幅增加，大稻埕的女人街景再歷經新一波變化。這些女性外觀有著一致的特色，都是身著新式洋服，走路抬頭挺胸，伴隨咖噠響的高跟鞋踩地聲。

以通俗小說聞名當時的作家吳漫沙，觀察到此現象，在〈放掉摩登吧〉一文中便道：

我們若每天到馬路上去看看五分鐘，至少也可以發現十個以上著洋裝，高跟鞋，電頭髮，體態婀娜，婷婷嫋嫋的摩登小姐。

對吳漫沙而言，「摩登」是道德的傳染病，摩登女是可怕的帶原者，將蔓延至島上每一個女人，推她們進入物質慾望設下的陷阱。吳漫沙苛刻的批評女人「天天只是在梳妝台裡討生活，講究時裝，討論著美容的電髮功夫優劣，皮鞋店裡的高跟鞋哪一雙是一九三八年款式……」，進而「把自己的人格降到舞女、女給的水平」。

「女給」一稱來自日文「女給仕」，原指女服務生，卻因為當時社會對職業婦女始終抱以有色眼光，加上不少商家確實以此為號召吸引男性顧客，相互影響，使得這詞彙逐漸染上曖昧色彩，開始遊走於法律灰色地帶間，因而在當時社會惡名昭彰。她們仰賴男性慾望營生，卻又因此為男人所害怕。

吳漫沙或許無法理解，新妝洋服對於當時就業婦女，除了呼應潮流、展示美麗外，更能建構自我認同、連結所屬社群。新興現代職業中，像是車掌、百貨公司售貨員、電梯小姐，或是電話接線生、護士、會社中辦公打字的事務員，都有她們所屬、整齊劃一的洋式制服。頂著一頭老氣髮髻，上班時要怎麼搭配制服，下班時又要怎麼融入社交活動？而像記者、女給，雖不必穿制服，但本身從業所需——前者象徵現代知識，後者得追逐時髦，自然不能不在櫃子裡擺幾件套裝和皮鞋。

女人走上街頭，為自己，還是為國家？

這一夜，大稻埕街角一名方臉男子，神色緊張盯著騎樓暗處的人影，在昏暗月光下辨認出，啊，原來是個女人，他鬆口氣心想，「像蝙蝠一樣不動站在柱子蔭翳下的女人，到底

大稻埕市街（台大舊照片資料庫提供）

「未看見藝旦，免講大稻埕。」從日治時期這句俗諺可見賣藝女子在都市無可取代的特殊地位。（國家圖書館台灣記憶資料庫提供）

在等待誰？」然後再想，「像影子般在柏油路上蠕動的人的姿態也很怪異」，大稻埕的淫邪想像閃過腦海，他猜出女人的身分，是個土娼，在等待上門的恩客。

這個男人，就是張文環。留日十一年後返台的他，開始以日文寫小說與評論，同時擔任大稻埕的休閒小報《風月報》日文編輯。滿腹理想、受左翼思想洗禮的新知識份子，見到家鄉竟是咖啡屋、舞廳四處林立，妖嬈的女給、舞女恣意出沒，暗巷躲藏土娼、流鶯，廣播放送藝伎、藝旦唱的靡靡之音，實在焦慮萬分。望向那被女人霸占的街道，張文環心想：「不知道台北怎麼會產生這麼多這樣的女人」，「然而台北的女性是怎麼樣？可說是台灣女性虛榮的代表。」

改造社會、拯救女性的雄圖慾望在內心燃起。張文環在報紙發表一篇篇探討媳婦仔與「老娼」問題的社論，在小說〈藝旦之家〉描寫女性的悲慘命運，更針對女給、藝旦、藝妓等風化業從業員舉辦座談。講來講去，無非希望街上的女人都能回歸家庭，遠離萬惡城市，呼籲她們「不重視金錢」、「不趨向虛榮」。

新知識份子的舊道德旗幟並沒有讓女人的美麗撤離街頭，但在總督府公權力一步步推進下，戰時體制才真正限縮了娛樂產業。一九四四年三月一日發布的「關於停止高級娛樂之具體策要綱」，成為娛樂產業無可招架的最後一道催命符。雖然，早在禁令前幾年就見端倪，全台各地陸續有女給組織團體，投入勞軍活動，或透過婦女運動宣揚當局政令。

因為戰爭，社會對女性的期待又有轉變，像「西方世界的女性都在為戰爭努力，我方的婦女也不能漏氣」這樣的言論，成為輿論主流。除了在家扮演賢妻良母外，政府更希望婦女能夠「銃後奉公」，投入生產，補充戰時男丁缺乏的勞動力。除風化業從業女性被視為道德敗壞、無益生產的絆腳石外，女人走出家庭、走上街頭這現象，終於讓世人所肯定，但仍然不是為自己，而是為了國家。

職業婦女出現於日治時期，是時勢必然

台灣「職業婦女」的概念，在日治時期萌芽扎根，既是時勢必然，卻也伴隨偶然。因應現代科技的新興職業，像是車掌、電話接線生，起初都以男性優先，可是男人的粗聲粗語、暴躁脾氣，常常一不小心就會和顧客吵起架來。偶然嘗試下，企業發現女性更能勝任這些需要細心、溝通的勤務，便一試成主顧，甚至開始在招考前增加限女性的條件。

然而女人在職場開始受到青睞，另一個殘忍的現實卻是「隱形的天花板」，才是資方選擇女性作為勞動力的背後主因，因為便宜。男女同工不同酬，一直被社會視之理所當然，直到日後女權意識抬頭才獲得改善。

殖民地的女性，不只性別上不平等，族裔上更不平等。多數職業要求日語能力，本島人被迫居於劣勢，更由於資源分配不均，普遍未能獲得良好教育的台灣女性，就像〈孤女的願望〉裡所唱，多是「來去都市做著女工渡日子」，了不起當個車掌、售貨員、接線生，

這類只需要基本日語能力的服務業低層。女醫師蔡阿信或名記者楊千鶴這類菁英，自然是少數中的少數。

話雖如此，職業婦女的出現，還是大幅改變了原先陽剛的城市景觀。大稻埕這始終飄散粉味、紙醉金迷的繁華市街，作為台灣都市發展的前驅，不僅是作全島的抽樣，更是代表。一幕幕妍麗風景不斷在此城上演。

有趣的是，每當街頭被女人所占據時，便開始有男人感到不對勁，從責難揀茶女的羅秀惠、患有摩登女恐慌症的吳漫沙，到站在藝旦、女給前高聲呼喊道德口號的張文環。在他們並肩面對著滿街的女人時，能不能察覺彼此視野的雷同？

九、藝旦

——記一段歷史中美麗的偶然

藝旦崛起於艋舺，一九二〇年代在大稻埕達於鼎盛，
曾經引領藝壇風騷，才子佳人的故事更是不絕如縷

一八九六年四月中旬的這一天，基隆港一如往常繁忙，不過，聚集在碼頭上的男人有一股難掩的躁動，他們的目光緊盯著已經靠岸的輪船。原來，四名小有名號的藝伎已經搭乘「小樽號」從日本遠渡重洋，抵達台灣，即將進駐不久前才盛大開幕的艋舺「初音亭」服務。

這是日本統治台灣的第二年。由於日本男性大量移駐，台灣倏然成為日本風月產業的新市場，吸引了眾多日本藝伎遠渡重洋來謀生。

「初音亭」是艋舺第一家藝伎館，之後「滿花樓」也有藝伎，艋舺成為日本人尋歡作樂的集中地，全盛時期，日式料亭、食堂及藝伎館不下一百五十家。

這等風光，使得日治初期的酒家、茶店，都陸續引進日本藝伎。然而，藝伎主要服務在台日人，而針對台灣本地男性，則有性質與藝伎相似，主要以藝事人的「藝旦」。她們因應時代而生，在男性與帝國的慾望之間流轉身姿，是一幅不容抹滅的時代畫像。

藝旦與藝伎皆以藝事人，在男性與帝國慾望之間流轉身姿

如果日本藝伎的「藝」是日本舞、三味線等日本傳統藝能，台灣藝旦必須具備的則是彈曲奏琴、詩詞吟唱。能夠消費起「藝」的多半是飽讀詩書、家世良好的傳統文人、舊家仕紳，

與在娼妓身上尋求肉體安慰的買春客有明確的區隔。

藝旦的出身多元，有的自小受本為曲師或藝旦的父母訓練而成，有的是從梨園劇班的戲子轉行，還有很多是家道中落或出身貧寒，幼時就賣斷給老鴇、曲師或藝樓老闆。這些來源不同的藝旦，在早期台灣社會的風月場所載浮載沉，少數冒出頭享盡風華，多數則幽暗地過一生。

一八八六年出生的艋舺女孩王罔市，就是台灣藝旦最華美而滄桑的例子。

「罔市」是古早台灣常見的女孩名字，取自閩南語「姑罔飼養」的諧音。會將女兒取上一個僅有過渡性意義的名字，自然不難猜想其出身的單薄悲涼。王罔市的父母靠著賣魚養活一家六口，處境極其艱難，因此幼年就將她賣到才貌雙全、曾有「艋舺花魁」名號的董阿治旗下。

離開貧困原生家庭的王罔市，就此蛻變，改名王香禪，走出一段風月無邊的傳奇生涯。

藝旦這一行競爭殘酷而激烈，想要脫穎而出並不容易。除了要有過人的姿色，文學和曲藝也是必備。文學造詣不是一朝一夕可以養成，因此很多藝旦都要上私塾求教，台北的「礪心書房」就是培養多位花魁級藝旦的搖籃。

面貌姣好的王香禪，就跟隨過南社著名文士趙雲石學詩，尤其在「香奩詩」大展文采。一九〇五年十月二十八日，《漢文日日新報》的「拾碎錦囊」專欄裡提到，王香禪「讀《紅樓夢》至黛玉，心竊許之，因取為小字」，以「黛卿」為筆名。王香禪只學了一年，就已

— 28 —

民俗圖繪 一八

立石鐵臣

平樂遊

艋舺の名が、臺灣の三つの大きな街の一つとして華やいでゐた時、平樂遊は其處の名だたる料亭であつた。

艋舺が臺北市の一隅にさびれる萬華となつて、平樂遊の姿は昔をしのぶにはあはれな雜居家居になつた。そして前面に附け加へられた小屋には、藥草賣と花輪を置く店などが並んでゐる始末である。

立石鐵臣的民俗圖繪——平樂遊（南天書局提供）

能寫出一手好詩，與詩社文人之間開始往來交遊，詩作甚至常常刊在《台灣日日新報》、《台灣詩薈》、《台灣詩報》等這些與舊詩人關係密切的報紙上。

常有文人以詩讚美王香禪的詩作。一九〇八年七月四日的《台灣日日新報》，盧元勳便作詩稱讚「千秋女史有香禪，雅韻清詩字字妍。」因此王香禪在日治台灣得到「詩妓」的雅號。

藝旦除了要有文采，還必須有好曲藝，對曲藝也要有流行敏感度，當紅的唱腔、曲風都要瞭若指掌，才能討得主要客戶詩人的歡心。張文環的小說〈藝旦之家〉中，女主角采雲決心到南部去當藝旦，決定了之後第一件事情便是到謠曲的老師家裡去學藝。采雲對謠曲有天生的才華，也獲得老師的賞識。當她一曲楊貴妃唱罷，在旁聆聽的師姊們紛紛叫好，老師立即斷定她可以出去站台了。

艋舺第一名旦王香禪，詩作曲藝全台仕紳傾心

王香禪也是。她之所以豔名遠播全台，與她唱京劇的技能大大有關。日本雖然已經統治台灣，但是傳統文人仍然心繫中國。中國京劇班不斷獲紳商望族之邀來台演出，來自上海的、福州的，把京劇唱成最新風尚，板橋林家每逢喜宴就在宅邸內的戲台扮演京劇，尤其有名。

王香禪師承京劇名家「平樂遊酒樓」創辦人楊印堂。平樂遊是艋舺頂新街五番戶的高級料亭，一八九八年開張，與大稻埕的「東薈芳」酒樓並稱台北兩大酒樓。楊印堂不僅經營有才，更嫻熟曲藝，他調教京劇班在平樂遊試演，《漢文日日新報》一九〇七年十月報導現場的盛況：

好事少年，先睹為快，屋內幾無立錐之地，登屋上而觀者，尤多其人，互相排擠，勢不至傾跌不止，警官以為危險，命其停演，而急行解散。

聽音樂會聽到驚動警察、被迫停演，並不是今天獨有的場面。

楊印堂調教的王香禪，十六歲便能獨當一面在「永樂座」領銜主唱，每場都賺到爆滿的票房。當時頗負盛名的連雅堂，造訪台北時必定抽空捧場。這種吸引力一路帶到了台南，程度只增不減。〈赤坎才女蔡碧吟〉一文記述了王香禪在台南寶美樓連唱《二進宮》、《三娘教子》、《祭江》劇碼的盛況，可謂當年文人雅士爭相讚歎的傳奇，拜倒在裙下的仕紳更是不計其數。

北部藝旦南下執業，並非王香禪的個人選擇，而是這一行的傳統規矩。許多藝旦大約到了十四、五歲，就會被帶到文風鼎盛的南部修習，俗稱為「飲墨水」。如同〈藝旦之家〉中提到的，「凡是藝旦，要在台北當藝旦之前，大都先到南部去賺了些資金，再回到台北來。

因為資金多，名聲也高，才能成為一流的藝旦。」

日治初期，台中富家子弟已經開始到台北找藝旦尋歡，兩地的富豪公子彼此也熟絡，因此有點名氣的藝旦南下進行飲墨水之旅，也會把台中列為一站，停留一到兩年，換個環境精進曲藝，也熟悉應酬待客的技巧。飲墨水之旅的重要目的地，當然就是昔日府城台南。一趟持續三到五年的異地學習，積累了文化資本與社會資本，再返回台北這個激烈的戰場。〈藝旦之家〉中的采雲透過南下兩年，「學到了對待客人、應付客人的技巧。譬如兩位顧客一起來店，就要看出誰要做主招待。以男人互相的禮貌來說，不要表現跟受招待的客人過分親密，而要表示跟招待的主人親密，對受招待的客人採取一般性的禮儀，才會受到歡迎。」

藝旦間精緻典雅，既是生財場所，也是心靈寄託

南下修習之旅結束後，藝旦便可返回台北，整修藝旦間，重新高張豔幟。就像〈藝旦之家〉中寫的：

所謂藝旦間，藝旦居住的房間，為了裝潢眠床和應接客間至少需花費千圓以上，而這方面的裝飾花費愈多，藝旦的價值就愈高。藝當然重要，人的衣裳品格文雅更重要。這一點

跟南部不一樣。在南部大多住在料理店，也不在藝旦之家招待客人。所以不像台北那樣，走進昏暗的巷子爬上簡陋的梯階一上樓，就展開了別世界，在明亮的電燈下照出大鏡台和衣櫥，像埃及女王用過的大眠床或長椅子，花瓶和插花等奢華的景觀。因此，台北的藝旦大多都要先到南部去流浪。在南部比較不必資金就可以當藝旦。有的受料理店雇用，也有所謂寄宿的。

接待客人的藝旦間，絕非白丁苦力階層所能接近，布置當然精緻典雅。藝旦主要的客戶多是讀傳統漢文詩書的士紳，因此藝旦間原本也是中國風。華麗的床台，多用金銀珠玉縷刻，搭配金銀絲編成唐草模樣的花鳥刺繡，半遮半掩的薄紗。日本統治後，由於日本藝伎的影響，藝旦間也開始融合日本、西洋的裝飾元素，所以房間側邊會放置洋式鏡台、衣櫥，也會準備日式茶具。在兼容並蓄的風格裡，房中一張圓桌、兩三木椅，藝旦和文人的風流唱和盡在此間。藝旦間，藝既是生財場所，也是心靈寄託。

台北特有的藝旦間使得藝旦有了屬於自己的一番小天地。如張文環所分析的那樣，在台北當藝旦不僅「比在南部的收入多而自由。第一不會被周圍的夥伴騷擾，心情就輕鬆。不但每人在自己家有房間，在台北持有出租家屋的藝旦也不少。因此結成義姊妹的會也多，不像南部，日常也需要比較多的交際費。尤其纏住在這種職業，不會沒有飯吃，在精神上，社會也不給與奇異的眼光看待，不會感到不自由。」

然而，即使是在屬於自己的小天地中，也無法擺脫被市場、顧客左右的命運。就如同風光一時的艋舺被大稻埕的繁華取代，藝旦行業也在艋舺逐漸式微。曾經，大稻埕茶行殷商若是需要藝旦作陪，就要差轎去艋舺迎接。但是隨著大稻埕商業力量逐漸強勢，酒樓、藝旦間也就不留情地流向商紳群聚集的大稻埕了。

未看見藝旦，免講大稻埕

一九二〇年代的大稻埕，迎來了藝旦活動的鼎盛期，最多竟同時盛開著三百多個藝旦間。俗語「未看見藝旦，免講大稻埕」，講的就是這個短暫的花樣時代。

相對的，艋舺藝旦相繼出走後，殘餘的寶斗里、歡慈市、後街仔、粟倉口一帶杯

藝旦到了十四、五歲，會被帶文風鼎盛的南部修習，俗稱為「飲墨水」，同時也賺了些資金，再回到台北來，資金多，名聲高，才能成為一流的藝旦。（國家圖書館台灣記憶資料庫提供）

酒交酬的豔窟，則被劃為「遊廓」，也就是日本人的歡樂特區，成為低階娼寮的聚集地。

到台南浸墨水的王香禪，才貌迷人，迅速結識了當地的文人雅士。最重要的一位，就是當時任《台南新報》漢文記者的連雅堂。連雅堂毫不掩飾對王香禪詩曲才藝的欣賞，甚至公開表示願收為女弟子以近身指導。才貌相匹的兩個人，在詩藝精進的同時，王香禪也對連雅堂產生了愛慕之情，自願屈居側室。未料，連雅堂竟提出反對男子納妾、主張男女平等的理由拒絕了。

王香禪隨後結識風流才子羅秀惠。經不起羅秀惠的甜言蜜語，王香禪拿出畢生積蓄贖身結婚去了。婚後的王香禪曾寫過〈問花〉一詩，「果真解語語誰知，秋月春風感恨思。豔福如卿能幾許，可曾羞殺玉人兒。」詩中洋溢著王香禪初婚的幸福之情，「果真解語」更是暗示了羅秀惠就是她的「解語花」，這甜蜜讓她也害羞起來。

然而，羅秀惠太過多情，總是流連於秦樓楚館，不久就移情到蔡碧吟身上。

蔡碧吟是台南名儒蔡國琳獨女，家學淵源耳濡目染，詩文書法不凡，後來也當了藝旦，名氣直追王香禪。貌藝雙全、無分軒輊的兩個才女，命運竟然在這樣一個時代開了玩笑，前後戀上一個風流浪蕩子。

蔡碧吟因為父親與丈夫都去世不久，乘著喪期要求羅秀惠入贅蔡家一事，在台南鬧得沸沸揚揚，各大報如《台灣日日新報》、《台南新報》記者連日都在追蹤，報紙輿論七嘴八舌，或主張蔡碧吟值此新喪理當守貞，或建議羅秀惠與蔡碧吟丈夫賴文安頗有交情不應乘人之危，或臆度羅秀惠是否貪圖蔡家財產……。

一九〇九年羅秀惠與王香禪離婚，隔年就與蔡碧吟完婚，轟動台南社交界，也為台南留下一句諺語：「蔡姑娘仔嫁尪——加羅的。」

蔡姑娘嫁的丈夫姓「羅」，意思也就是閩南語近似的發音「勞」，勞煩的勞。社會流言蜚語不斷，王香禪也無奈離開傷心地，結束尷尬的飲墨旅程，黯然返回台北。

婚姻失敗的王香禪重返台北，並沒有費心裝飾別離多年的藝旦間，而是選擇斷髮，閉門禮佛。不同於〈問花〉時的甜蜜，王香禪此時在報紙發表詩詞，文風已多傷感。一九〇九年九月刊載於《台灣日日新報》的一首〈秋感〉，盡是「惡緣錯忍是良緣，空自深閨鎮日嗔」，「紅顏薄命古今多，盤錯愁根喚奈何」，「三載癡心今日醒，任他薄倖覓鸞弦」的感慨。文人雅士屢以她的斷髮為題賦詩，頗有鼓勵支持的意味：「萬縷情絲總禍機，半是孽緣從此斷」、「今日青絲齊剪斷，散花天女是耶非」。

三、四年後，王香禪漸漸擺脫婚姻失敗的苦楚，在一九一二年遠赴上海重披嫁裳。後來王香禪在中國曾兩次與連雅堂重逢，一次在上海，一次在吉林，第二次甚至連日陪伴連雅堂長達半年之久。二人依舊切磋詩藝，留下不少詩作。那個時代，文人藝旦相知相惜的故事不少，但是藝旦這個紅塵職業的曖昧，總是擣亂世俗情愛的美好結局。

多少掌聲多少落寞，藝旦終歸開到荼靡花事了

一九二〇年代的艋舺還有平樂遊、金和盛兩家大酒樓，勉強能與大稻埕的春風得意樓分庭抗禮。然而，當一九三〇年代平樂遊停業，金和盛、三仙樓改為新式酒館，不再是審視來賓階層、篩選顧客身分的特殊場所，藝旦在艋舺就幾乎完全消失了。

不僅艋舺如此，其實包括大稻埕在內的台北藝旦，三〇年代也開始急速沒落。殖民政府為賣身的娼妓特別設立「檢番」組織，專門檢查性病之用，三〇年代檢番制度也實施到藝旦群體，那時的藝旦恐怕已不能堅守「賣藝不賣身」的原則了。

看在陪著藝旦走過黃金歲月的文人眼裡，自然不捨藝旦如此受到凌辱。著名的報人陳逢源一九三九年在一篇〈茶前酒後〉的文章裡提到，「去年的春天，警察北署實施藝旦檢黴，嚴重地傷害到她們的自尊心，極度憤慨之後聯袂歇業」。

聯袂歇業，用今天的話就是集體罷工，可看到她們在職業聲望沒落的關頭，仍然自我定位是賣藝，仍然憤恨與賣身的娼妓接受同樣的性檢查。

風光一時的藝旦，或嫁人做妾，或升格當起老鴇收幾個養女再豎豔幟，但更多的，恐怕是剃度出家、與人私奔、殉情自殺……。一片姹紫嫣紅之中，多少掌聲多少落寞，終歸是開到荼靡。那些發生在寶斗里的青雲閣、西昌街的平樂遊、桂林路的見晴樓、滿花樓、大千酒家的故事，都深埋在台北歷史的底層。艋舺平樂遊消失的年分不詳，王香禪離開台灣從此沒有再回來，行方無人知曉。

十、

台灣第一個文學少女

——黃鳳姿傳奇與日本人眼中的台灣

她是《台灣の少女》，
她的文字創造了日本對殖民地的投射與想像，
她是最早的台灣之光

廟口石獅旁，女孩一襲純白蝴蝶結洋裝、秀髮微鬈，面對鏡頭大方展露笑顏。這是一九四〇年號稱艋舺文學少女的黃鳳姿，為了第一本著作《七娘媽生》而拍攝的定裝照。當時的她，年僅十一歲。

黃鳳姿就讀於艋舺第二公學校，是一個在作文課上表現優異的學生。這所專供台灣本島人就讀的學校，成立於一九一九年，創校之初曾借用祖師爺廟為校舍，遷到黃家料館口南邊後改名龍山公學校，占地約八百坪。更早設立的艋舺第一公學校，是總督府於一九〇七年徵用四千多坪民地建造而成，擁有「全島公學校模範」之美名，也就是現在的老松國小。

走進老松大門，步道旁有一塊刻著「卒業紀念池昭和二年慶」的石碑，旁邊矮樹叢後躲著一尊肩負柴薪、手捧書本的石雕像。他是日本江戶時代苦讀出身的農業大臣二宮金次郎，這尊「負薪捧讀像」是二十世紀初日本的勤學象徵，全台灣的校園幾乎都看得到他的身影，戰後大多替換成國父和蔣公，老松國小是極少數仍保存二宮金次郎石像的老學校。時代來過，如人飲水。

少女在書中開門見山以地主自居：

「我們家從很久以前就在艋舺！」

艋舺是台北市最古老的市街，如今與城內、大稻埕相較之下非常落寞。我以生於艋舺為榮，就算有點孤單我還是喜歡艋舺。現在，我們應該盡力使艋舺成為比從前更風光、更熱鬧的市街。

少女年紀輕輕，卻對家鄉艋舺有著滄桑的感嘆，是什麼樣的時代催生出如此早熟的文采？故事就藏在日本時代台灣公學校的新式教育裡。

新教育打造新國民，穿上制服，開始接受社會監視

新教育打造新國民、新身體，外觀上最大的改變，就是人人必須穿著整齊劃一的制服。如同今天北一女綠制服的驕傲，當年的一高女「出校門之後也不能穿便服，必須穿一高女的制服，因為大家都以身為一高女的學生為榮。」制服的統一是榮譽感的歸屬，亦是社會監視的一環，標識著個人的身分與來歷。

黃鳳姿從艋舺第二公學校畢業後，考上第三高等女學校，成為母親黃揭雪仙的學妹。母女雖同校，入學年代的先後卻讓她們上學的服裝樣式大不相同。與黃鳳姿一樣生於一九二八年的歷史學家王世慶的回憶裡，男生制服平淡無奇，但他卻對女生制服的花樣豐富印象深刻，夏季是白色、冬季是深藍色，上衣有大翻領的セーラフク（Sailor 服），也就是水兵服、水手服。由於日本明治維新將軍事訓練概念導入校園，加入體育學科，為免和服妨礙蹦蹦跳跳，乾脆取材洋服作為制服，帥氣的水兵服穿在女孩身上尤其受歡迎。

二〇年代，西式水手服開始在日本普及，台灣專供日本人就讀的小學校制服早與日本本

西式洋裝配上傳統石獅，看似衝突的新舊文化在少女的笑容之中碰撞出嶄新的文化風景。（台北市文獻委員會提供）

台灣學校制服的過渡期，女學生的穿著搭配各有千秋。（台大舊照片資料庫提供）

擁有「全島公學校模範」之稱的艋舺第一公學校，也就是今日已超過百年歷史的老松國小。（台北市文獻委員會提供）

國同步，台灣人就讀的公學校到三〇年代仍以傳統中式服裝為主，原住民學童則穿著無袖蕃服。黃鳳姿母親的時代，制服是清式大襟衫搭配中式裙或日式褲裙，或是和服搭配西式裙的改良服。直到一九三九年總督府統一全台中等學校以下的學生服裝為止，女學生的制服經歷了中日或日西混搭的過渡期。況且洋服所費不貲，小學生制服一套要價十到二十圓，幾乎是一般公務員月薪的一半，加上鞋帽外套，尋常家庭難以負擔。只有少數經濟良好的艋舺、大稻埕地區，學生才有能力全面換裝為洋式制服。

水手服，裝載了國家對女性身體的雙重期待。全力支持女學生制服洋化的日本教育家森有禮就明白說過，「女人若非母親則是人妻，即使非人妻，也將以女人身分進入社會而為國家一員」。既是家庭後盾，也是戰鬥成員。一九三八年，黃鳳姿初登文壇之時，身上已是醒目的水手服。而後幾年，她似乎刻意不穿水手服，直到一九四三年的第三本著作才再度出現水手制服形象。書名就叫做《台灣の少女》。

少女，正是她在那個時代最重要的標誌。

天才文學少女黃鳳姿，日治時代的台灣之光

日本上世紀八〇年代崛起的大眾文化中，少女是不可或缺的存在，兼具無辜與誘惑的完美綜合體，自美少女戰士以降掀起一股戰鬥少女的旋風，或如宮崎駿動畫純淨無邪的少

女角色，十幾歲的少女肩負著與她年齡不相稱的任務。總之，可能是維護地球的正義與愛與和平，也可能是拯救變成豬的父母不被吃掉，征途之中製造浪漫，最後，少女眼眶含淚使出華麗與暴力兼具的招式，壞人終於被打倒、反派終究被感化。

其實，「少女」並非日文固有的詞彙，至少明治維新以前，小孩不分性別都統稱「少年」。隨著十九世紀末新式教育下的女學生就學率提升，才產生相對於少年的「少女」概念。日本本島，要到一八九〇年日本兒童刊物《穎才雜誌》，才首次出現以「少女の話」為題的文章。《台灣日日新報》最早出現「少女」一詞，則是一八九八年標題「少女通譯官を走らす」的報導，內容記述一名甫自日本渡台的十歲女童竟能「以土語和土著交談，擊退翻譯官」，被標上「天才少女」的美譽。

明治時期有一本名為《少女病》的雜誌，為「少女」下了很篤定的定義：「女子生涯中特別的」、「深刻的年代」，是一段「奇妙不可思議」的日子。可以想見，當時社會對於少女有多麼夢幻的想像。以黃鳳姿煙火般燦爛的文學生命而言，或許確實如此。

近年台灣可見以黃鳳姿為題的漫畫創作，水手服配上飽伯頭的俏麗扮相，一副天才模樣的文學少女埋首書堆、振筆疾書。再加上背景以七娘媽為守護精靈、七爺八爺彷彿她的召喚獸，十分符合她在文學史的書寫上所扮演的角色——她的出現被喻為日治時期兒童文學的黃金年代，天才文學少女闖蕩文學舞台，挽救了日人主導的台灣文壇，是日本時代的「台

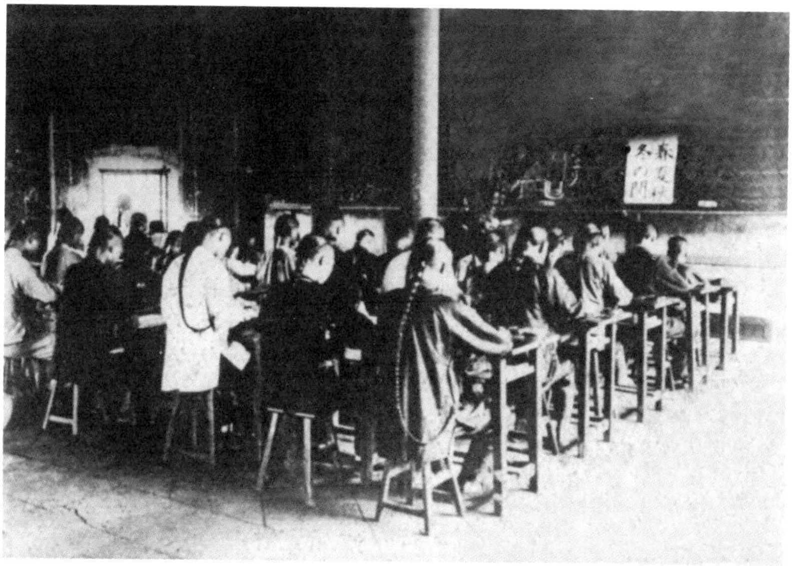

尚未改穿西式制服的學生們，接受新式教育的上課情形。（台大舊照片資料庫提供）

國語學校的新校舍興建之前，曾暫借艋舺的祖師廟作為教室與宿舍。（台大舊照片資料庫提供）

龍山公學校的手工教育，學生們動手實作木工。（台大舊照片資料庫提供）

灣之光」。

民族主義式的美談過於耀眼令人無法逼視，少女出現在日暮的光裡，身後不免拖出一道長長的斜影。

以文學和民俗包裝，稚嫩的少女成為日本對殖民地投射的象徵

黃鳳姿在一九四〇年以一身漂亮純白色洋裝前往青山宮取景之前，記者已經先殺到學校採訪，搭配了一張大大的制服照登在報上，報導裡提到老師讚許她是「全學年第一之讀書家，知悉諸多事項，國語亦極佳」。黃鳳姿日後憶起公學校的生活，總是提到老師會攜帶課外讀物到校供學生借閱。這位愛讀書的少女，很快地吸引老師注意，而她從小聽祖父講述當地風俗習慣與民間傳說，為她提供豐沛的寫作素材，也拉起她與恩師池田敏雄的暖暖因緣。

一九三七年春，開學的季節。初次接觸日本老師的艋舺第二公學校三年五班，瀰漫著緊張的氣氛。不過，下課鐘一響起，調皮的學生就大膽把新老師的便當拿了出來，探頭探腦擠在一起，掀開蓋子，望著盒裡的金黃色玉子燒，七嘴八舌問道：「那是什麼呀？」

和學生們同樣抱持著好奇心，年輕的池田敏雄也正看著台灣小孩的茶色滷蛋。飲食文化的差異，激發了池田敏雄在台灣的教學興趣，作文課堂上，他設計了「生活周遭」的題目

要求全班習作。黃鳳姿選擇冬至搓湯圓的題目，靈活寫出本島人配合節氣的生活民俗，文采既出色，又富含地方知識，池田敏雄忍不住大加讚賞，甚至將這篇名為〈おだんご〉的台灣湯圓文，交給正在籌編《台灣風土記》的著名作家西川滿，成為創刊號的一篇。在「文學」和「民俗」的包裝之下，原本稚嫩的女童，一躍成為文壇少女，成為台灣文學史的小傳奇。

任教於龍山公學校的池田敏雄，出身日本島根縣，幼時隨父親遷台，就讀旭小學校，再從台北第一師範學校畢業，一直都很關注台灣民俗，最喜歡考察地老市街艋舺和大稻埕。邂逅在太陽旗下的池田敏雄與黃鳳姿，共同譜出殖民與現代交雜的命運組曲。池田敏雄著迷於黃鳳姿天生的南國感性，而家大業大、行事謹守傳統的黃家耆老也樂於講古給日本人聽，兩方可謂一拍即合。畢竟，一個身處外圍的人類學家如何謙卑地融入居民生活呢？熟門熟路的導遊大概是必要的。

有了黃家的帶領，池田敏雄自由進出台灣人的廚房，參加家族祭祀活動、記錄當季食材、品嚐各式供品，陸續寫出第一手觀察台灣生活的《蒲月日記》、《荔月日記》、《艋舺日記》、《艋舺雜記》、《廚房雜記》等專欄文章，與黃家關係名副其實就像「行灶跤」那麼親密。

池田敏雄不只在《台灣風土記》發表文章，後來更與著名的人類學家金關丈夫、畫家立石鐵臣共同主編《民俗台灣》，寫作量驚人，前後用過三十幾個筆名發表文章。不過，說日語的池田敏雄如何和艋舺人交談呢？黃鳳姿戰後回憶道：

池田雖然只會幾句台灣話，但很能溝通，迷人的發音和幽默的談吐取悅了大家。若有無法溝通的情況，懂日語的人不需要拜託，就自動加入幫忙翻譯。

或許摻雜了對恩師的偏袒，但是池田敏雄對台灣民俗的熱愛的確令人折服。皇民化時期，池田敏雄甚至還穿著漢人服裝住進青山宮，引得艋舺人拍手喝采。黃鳳姿對於這個舉動倒是頗有意見，她說：「《民俗台灣》之出版已表明順從皇民化，怪異行徑若被視為過度支持台灣人之舉動，勢必將為雜誌扣分」。少女的擔憂，滿藏成熟與理智，與池田的關係其實已然亦師亦友。

池田敏雄難掩愛才之心，除了課堂指導，還特別進行課後輔導，鼓勵她寫作艋舺生活習俗。這位文學少女也坦白，「如果當時沒有對兒童非常權威的『先生』的鼓勵，我一定是什麼都沒寫地蹉跎度日吧。」

日籍老師角色有如經紀人，按部就班打造文學少女

蘿莉十年養成計畫，是當代宅男的癡心妄想；文學少女培育方案，卻是池田敏雄按部就班的過程。班級作文躍升內地文壇，從文章的生產到專書出版，環環相扣。

池田敏雄最初選用同班同學陳鳳蘭的插畫來搭配黃鳳姿的文章，兩人都是當過班長的資優生，他稱讚陳鳳蘭的插畫「不遜於成年人的優秀」。可惜後來插畫與裝幀都交由日人版畫家立石鐵臣專門負責，陳鳳蘭的畫便失去了曝光的園地。或許在那唯國語教育是瞻的年代，使用國語寫作的少女比會畫畫的少女來得吃香，如果池田敏雄繼續採用陳鳳蘭的畫作，她說不定也有機會成為台灣史上最年輕的插畫少女，與文學少女黃鳳姿組成文藝雙姝。

黃鳳姿「艋舺的少女」系列文章自一九四二年三月到十二月之間，連載於《民俗台灣》，並且在一年之內連續出版《七娘媽生》、《七爺八爺》兩本專著。池田敏雄為她請到西川滿、佐藤春夫作序，還找來日本重量級作家菊池寬、吉川英治推薦，規格一如今天的經紀人。

無巧不巧，當時日本本島也出了一位有名的文學少女，這位豐田正子也被牽線與黃鳳姿公開通信。日本的文學少女說：「我已拜讀您的兩本短篇集」，「您的日文寫得真好，能夠如此自由地表達、寫得如此正確，真令人佩服。」台灣的文學少女說：「我常在雜誌上讀到您寫的文章」，「真的是寫得好棒，所有的事物都栩栩如生，能夠寫到那樣生動，真令人感佩。」兩位少女的對話也真是夠少女的了。

不久，戰爭白熱化的一九四三年，黃鳳姿由台灣正式征戰日本出版市場。日本讀者在黃鳳姿身上看到一種異國魅力：少女，出身殖民地，優秀日語能力。十足話題性。正如《民俗台灣》編輯金關丈夫的主張，「民俗的紀錄，必須藉由民族之手來達成。」黃鳳姿就是自己與台灣的最佳代言人，她筆下的艋舺，成為日本讀者接觸台灣生活的橋梁。只有在那個需要台灣、需要文學、需要少女的時代，台灣文學少女的誕生才能如此順其自然。

少女的純真成為台灣的代言，正是日人對殖民地的投射與想像

艋舺的祭典、信仰、慣習，是黃鳳姿最精采的寫作題材。

有一篇〈おもち〉寫的是正月的蒸粿，「おもち」發音與「麻糬」相近，泛指米製的糕點，除夕夜的餐桌，滿是米食文化豐潤的祝福：

蒸粿有許多種類。大家常做的是甜粿、發粿、菜頭粿等等。甜粿是加入砂糖，用來過年的。發粿念做台灣語發財的諧音，代表招財。菜頭粿是摻進蘿蔔泥的白色蒸粿，稱為好彩頭，有吉兆之意。另外，還有加了鹽的鹹粿、加了焿油的黃色焿粿和用芋頭做成的芋粿。

除此之外，她寫龍山寺的中元公祭、青山王宮廟的由來，寫元宵節、清明節、端午節等節慶，也寫新娘嫁人、回娘家、做月子、新生兒週歲、拜床母等習俗。黃鳳姿的著作可說是當地庶民生活集錦，少女化身為旅遊節目導覽，殷切地為日人展示著自己的生活。

奇怪的是，黃家位於日治時期有明町四丁目，也就是今天桂林路底的環河南路一帶、緊鄰寶斗里，寫遍艋舺生活的黃鳳姿，卻為何對清代以來知名的風流場所隻字未提？

一九四三年黃鳳姿從「艋舺的少女」一躍成為「台灣的少女」，正式登上日本中央文壇，請來知名作家佐藤春夫為其作序。（南天書局提供）

少女必須純真，大概是心照不宣的潛規則吧。

菊池寬看過她的作品後表示，黃鳳姿「比豐田正子更加純真」。池田敏雄也說得明白：「以清純少女的筆來記錄介紹台灣的這本書，正好可以促進內台融合」。清純、純真，以少女為投影的台灣的純真性，正是日人想知道的趣味。好比那「莎勇之鐘」故事中少女的清純形象，「少女」作為符號，不論是莎勇或黃鳳姿，透過日人巧手塑造成純情的愛國象徵，兩人都肩負著時代的任務與意義，也都對她們的日籍教師輸誠。

又如小說家佐藤春夫為《台灣的少女》寫的序：

我自己一般對於少年的文才博得世間喝采，並不認為是好的傾向。尤其是少女的情形，總擔心這反而會妨礙她的大成。……我暗自希望她別太快去揣摩大人的樣子。

佐藤春夫除了表達了對少女得志的擔憂，更希望她保有童真。好比觀眾擔心可愛的童星太快長大，幼小的身軀提早進駐了大人的靈魂；你可以早慧，但切忌老氣橫秋。少女小心翼翼地踩在鋼索上，不偏不倚地沿著讀者的視線前進。

如今，當代日本學者黑川創這樣評論她的文字：「（黃鳳姿的文章）是對於調查某物後的『說明』，不是自發性、忍不住想用文字表達事物的行為。我對於這些作文的出發點，感到無以言喻的語言的不幸。」

語言或許是不幸的，少女卻可能幸福。

儘管黃鳳姿陌異化了自己生長的地方，不過在那特定的時空條件下，追求優異的國語和日人眼中的異國台灣，無非是一條靠近幸福的道路。少女羨慕地說：

剛進入公學校的時候，班上有一個從小接受內地教養的同學，我看著這位朋友，想著完全不會台灣話該是一件多麼幸福的事啊。

所以少女拚命寫，寫來寫去心中總有個預設的讀者，她可以決定哪些地方要讓他們看見、哪些則否。

帝國末日，少女揮別故鄉，島國鋪天蓋地的浩劫才正要開始

二〇一四年八月二日早晨，地主偕同建商，將少女筆跡不曾觸及的寶斗里老藝樓建築群拆得一點不剩。

在已指定為古蹟、而且沒有執照和任何安全措施的情況下，四隻怪手趁著天光未亮，不留情地砍向老建築。文史工作者心力交瘁的無奈，比不上承載慾望的強拆機具一鑿一鑿的巨響。都市更新的腳步又重又急，泯滅居住正義的建商凌駕公權力之上，青雲閣夷為平地

三天後，市長才頓悟：「還需要市政府幹什麼？」

今日，我們可以在一些書裡翻到黃鳳姿的名字，她成為「唯一真正有出版兒童文學作品的台籍作家」，填補了日治時期女性文學的缺席和兒童文學的空白。然而，不管史書怎麼寫，少女身邊總有她的老師如影隨形，這是戰前戰後都不曾改變的事實。日後，她對台灣的記憶持續以池田敏雄為中心旋轉，叨叨絮絮著那只屬於日本時代末尾、少女大放異采的熱切年代。

少女不再是少女，卻也永遠會是站在廟前對鏡頭笑著的，存在於那短暫時空下的文學少女。她的故鄉艋舺啊，儘管時代的眷顧或背棄，百年以來仍是一張鉛華洗不盡的面容。「生於艋舺我很驕傲」。黃鳳姿寫下這個句子的時候，大概沒有想過將來會有離開艋舺的一天。戰後，文學少女不再發表作品。她失去家族的姓氏，告別摯愛的家鄉，沉寂無聲。過了好久好久，當少女再度被人想起，「台灣時代對我來說是喋喋不休的」池田鳳姿說。

帝國末日，不像電影《海角七號》友子與日籍老師被迫永別兩地，池田敏雄和黃鳳姿沒有分開，共結連理。那是一九四七年一月的事，島上正處在風雨欲來之前夕。五月，受到二二八事件的波及，池田敏雄決定帶著黃鳳姿揮別台灣返回他的故鄉島根縣，兩人身後的台灣，鋪天蓋地的浩劫才正要開始。

十、台北大舞台

——拚戲拚觀眾，也拚創意、拚想法

新舞台與永樂座尬戲，台灣戲劇史上最精采的傳說之一，
永樂座早已灰飛煙滅，而新舞台正面臨閉館遷址的尷尬命運

爆竹隆隆地響，禮花漫天地飛。一九二四年的大年初一，大稻埕永樂町熱鬧滾滾。摩肩擦踵的人潮，老早就在紛紛議論二丁目的新戲園「永樂座」。明明兩個禮拜後才要正式開幕，初一先來演一場，是上海的名團「樂勝京班」！

浩浩蕩蕩一百來人組成，都是京滬兩地的名伶，包括名噪一時的譚派鬚生梁一鳴。新排的劇目《空城計》、《三搜臥龍岡》、《天女散花》，加上福州工匠繪製的舞台布景，令人期待。

一登場，果真博得滿堂彩，不枉費戲院張羅許久的苦心。

「每夜滿座，幾無立錐之地！」報紙如是般報導。

大稻埕另一隅的老牌戲園「新舞台」，打從「永樂座」動土興工開始，就在研擬捍衛原來在大稻埕的獨大地位。當風聞對手請來樂勝京班，新舞台就也投下重金力邀上海的「聯和京班」跨海拼戲，同樣在大年初一登場，新排劇目打出《南海普陀山觀音收十八羅漢》。對陣局勢既起，雙方都卯足勁。永樂座換上先前布景延誤而來不及亮相的《狸貓換太子》想占得先機，不料新舞台也推出《新狸貓換太子》較勁。

《狸貓換太子》通俗易懂、文場武場熱鬧不凡，是一齣可以連日接演的整本大戲。樂勝班演的是頭本和二本，聯合班誇張打出「已排至十六本」旗號，還宣傳「極新機關布景」，號召痴誠戲迷先睹為快。

及至第三回合，兩戲班回到首輪演出的連台本戲，樂勝京班繼而排演二、三本的《三搜臥龍岡》，聯和京班則續排二本《南海普陀山》……

新舞台前身是淡水戲館，台北第一座中式戲院

這兩家互爭頭角的戲院，都是台灣戲曲的精采傳說。新舞台原叫「淡水戲館」，是日治時期台北第一座中式戲院，位在下奎府聚街（今太原路）。仿「支那式」的戲館高兩層樓，外觀有飛簷翹角，有華麗龍形裝飾的山牆，即使內部舞台也是專為演出中國戲曲而設計。

為什麼會在日本統治期建造一座中式戲館？其實無非市場考量。台灣人口主要是閩南移民，演出的劇種也多自福建傳入，梨園戲、亂彈戲、傀儡戲、掌中戲、車鼓戲都是。日本統治之後，中國戲曲演出一樣熱絡。一九〇六年福州名團「三慶班」應邀至台北演出，掀起邀請中國戲班、特別是京班和徽班演出的高潮。早在一九〇二年開幕的日式戲館「榮座」的日籍股東，眼見中國戲曲獲利可期，也籌議興建一座「支那劇場」。

雖然第一次申請未通過，但總督府循思看戲無害於社會風俗與權力基礎，加上榮座等其他日式劇場愈趨陳舊，檔期供不應求，因此才應允分別提出申請的日籍股東與台灣士紳「合開」戲院。「淡水戲館」開始新建，工程耗資三萬元，裝潢花費一萬五千，一九〇九年九月開幕，可容納觀客九百一十八人。

淡水戲館的經營權，在一九一六年戲劇性換手。原來是台北商界籌辦慶祝始政二十週年

(192)

淡水戲館是台北的第一座中式戲院，一九一六年更名為新舞台。（台大舊照片資料庫提供）

的「台灣勸業共進會」，公推辜顯榮出面邀請中國戲班前來演出，以吸引本土人氣。未料辜顯榮請來的京津滬組合陣容太強，需要另外租用淡水戲館，但竟遭日方股東拒租，並開出要求辜顯榮買下戲館的條件。辜顯榮就這樣半推半就頂下淡水戲館，並仿「上海新舞台」之名改稱「台灣新舞台」，簡稱新舞台。

台北唯一的「本島人娛樂機關」，便從日本人手中完全轉為台灣人經營。

一九二〇年代，是台灣人看戲的黃金期。辜顯榮的新舞台，和日本統治當局有某種默契，也遭到獨霸一方的批評。《台灣日日新報》就有人投書要求執政者允許大稻埕增建戲院，以滿足市民要求：

淡水戲館應行改築。使加倍觀覽座席。妥為設備。以合新時代劇界潮流。而僅淡水戲館一處。欲悉數收容。勢必不能。宜再許可新築一處。雖云前此收買淡水戲館之時。當局與有口約。不再許可他人。以保其權利。然彼一時。此又一時。……此時之大稻埕。人口幾何。不可不一計算之。

募股集資，應變波折，輾轉又三年過去，在台灣本島人的殷殷期盼中，原名為「台北大舞台」的「永樂座」終於以大稻埕第二家中式戲院的姿態出現。

一九二四年開幕時，戲院樓高四層，鋼筋結構，外貼磁磚，正牆三個窗飾都刻上雕工精美的藝術女神，並安上三盞小燈照著廣告看板。座位至少一千，有的說一千二，有的說一千五，都已堪比擬今天的國家戲劇院，而且為了看戲的視野，還特意加高舞台到一尺二吋。

舞台上尬戲，報紙上筆戰

兩家戲院也不能只是忙著備戲「打對台」，如何宣傳演出情報更是生意戰場。為了招徠觀客，他們開始在報紙刊登廣告，預告近期的演劇資訊，更細述每一本每一幕的特色。永樂座預告夏侯惇「三搜臥龍岡」，大致會說：配合滑稽曲調的聯彈，又布置活動機關，台上還有能騰空而起的四輪馬車；夏侯惇誤打誤撞中機關時，舞台上煙霧瀰漫，而他「鬚髮燥（燒）盡」！另一個人物黃玉英，用跳入金魚缸的方式表演藉水道遁逃的橋段，妙的是演員旋即跳出魚缸，卻衣衫不濕。

可別以為來到台灣的戲只在教忠教孝。京劇一路從北京傳到上海，在上海紮根，漸漸分化成追求純元的「京潮派」和講求新穎、通俗親民的「海派」，海派京劇便又從上海傳至更南方的地區。光從劇目介紹的活靈活現，就能感受到一種新時代的炫藝炫技、混搭詼諧。活動機關、燒鬚生煙、魚缸脫逃，這豈止是戲曲，幾乎已經進入魔術馬戲的境界。

這邊廂新舞台和永樂座忙著劇場競賽，鬥的是劇目和技藝，正熱鬧著；那邊廂《台南新報》與《台灣日日新報》南北兩大報刊，竟也因新舞台和永樂座的對壘意外開起筆戰。

化名「鐵史」的作者投稿到《台南新報》「萬殊一本」專欄，對於永樂座董事長兼《台灣日日新報》漢文部記者兼台北州協議員的謝汝銓，大肆抨擊，稱其濫用職權做了不實報導又出口傷人：

卻笑戲班長之謝某。濫用台日報。大大誇張。開口傷人。又敢亂論南報*□價值。此真不識者一笑。夫*□之好呆*□自有顧曲家公評。……謝某負債如山。信用極劣。一任州議員。便想威嚇我輩耶。真真可惡。

言論恩怨，也要扯到「戲班長」。謝汝銓見文，立即在《台灣日日新報》發表〈諭該死之鐵史〉反擊：

汝之投稿。只是放狗屁。誰人信汝。知汝現無生活計。欲藉幾紙投稿威嚇社會之人。詐取金錢。……永樂座不使汝看無錢戲。便謂其戲不佳。新舞台使汝看無錢戲。便謂其戲佳。汝何喪心病狂乃爾。

筆戰的硝煙，後來在多則勸和的投書，呼籲「祈勿過攻擊乎」、「凡事退一步想好」，才慢慢平息。劇場較勁牽連筆墨互戰，也可以知悉大稻埕兩大戲園激烈的生存競爭。

＊報刊字跡因年代久遠難以辨析

看戲風潮催生本土戲班萌芽茁壯，歌仔戲趁勢崛起

另一個台北的本島人密集區—艋舺，居民大眾也有看戲的渴求。在新舞台啟用之後、永樂座開幕之前，這裡也在地方人士的奔走下，催生出艋舺戲園。

艋舺戲園是鐵筋加磚建築，觀眾席分為兩層，樓下可以容納五百二十人，樓上有三百四十個座位，與新舞台容量相當，也一樣區分檔次。一等、二等的座兒，可以坐在一張藤椅上看戲，三等位就要四個人合坐一長條木椅了。小孩和軍人享有半價優待。茶錢不包含在票價裡，要喝茶請另外付費。

票價日場和夜場不同，日場時間為下午一點至五點，票價較低，夜場有六點、六點半、七點場次，直演到十二點。每場戲的票價，還要視演出戲班的大小牌而定。票價高低順序，大致為上海京班、福州戲班、泉州七子戲及潮州戲，本地戲班最便宜。

本地戲班，最主要就是歌仔戲。在日本統治的前三十年間，歌仔戲這一類的本土劇種和本地戲班，其實也因為不絕於途來台的中國戲班帶動進劇院看戲的風氣，趁勢萌芽茁壯。

艋舺戲園建成的一九一九年，台灣本地的戲班才處於朝向商業劇場演出摸索的階段，與中國戲班短則一月、長則一年的檔期相比，本地戲班的檔期短了不少，至多七到十天。

與永樂座爭得你死我活的新舞台，之所以能跟艋舺戲園和平共處，大體也與此相關。隨著時間推移，艋舺戲園與新舞台的經營策略明顯有所區隔。二者之間交流多過競爭，劇目

位於大稻埕的永樂座戲院路寬廣，除了傳統戲曲，電影、新劇都可以在這裡看到，也會舉辦音樂會。（台大舊照片資料庫提供）

構成相對互補。中國戲班來台首選新舞台的同時，本地劇團則傾向先在艋舺戲園演出。

歌仔戲最早雖然在宜蘭頭份鄉間誕生，卻是在台北等都市成長，並且直接由商業觀眾餵養壯大。凡能博取觀眾掌聲的招數，都要生吞下肚，不知不覺也養成務實變通的「雜揉性格」。高的低的，雅的俗的，深的淺的，東方的西方的，教誨的遊戲的，無不出現在舞台上。於是發跡時還是簡單曲調、子弟習唱的小戲，只花了短短一、二十年，即風靡全台。

務實的通俗性格，自始至終於不討知識分子的歡喜，在報上發文痛批，痛恨其內容低俗難入目、誘拐純良婦人心。「禁演歌戲」、「禁演歌劇」的呼聲常有，甚至後來蔣渭水等人籌組「台灣民眾黨」，還把「禁演歌仔戲」列為黨綱之一。

大稻埕永樂座戲路寬廣彈性大

新舞台和艋舺戲園，一直都以傳統戲曲的演出場所自居，較少演出其他戲種。而永樂座的戲路則寬廣多了。樂勝京班結束檔期後，改聘「乾坤大京班」能繼續唱《三搜臥龍岡》，潮州戲、梨園戲的戲班票房也不差，因此永樂座的戲碼很快展現出彈性，一方面播映漸受歡迎的電影，不過更重要的，是作為新文學時代精神象徵的「新劇」的演出基地。

所謂新劇，在不同時空有不同定義。它是推動「白話文」、主張「文學改良」的新文學運動中改良劇、文化劇等的代名詞，日治末期用來指皇民化劇，二戰結束之後則是閩南話演出的舞台劇。總之，傳統戲曲以外、現代形式的戲劇都是廣義上的新劇。而狹義的新劇，則指向一九二〇至三〇年代受到西方思想薰陶的知識分子，為了改革傳統戲劇而創作的新作品。

台灣新劇始祖團體之一的「星光演劇研究會」，與永樂座落成的一九二四年同年創立。由張維賢、王井泉發起的星光，一九二五年嘗試中國劇作家胡適的白話新劇作《終身大事》，對白都是白話語言，內容貼近現實生活，無論老幼、不分階級都能淺白理解，好評連連。

兩年後，星光演劇先後在永樂座和艋舺戲園公演數日，為艋舺善人施乾的愛愛寮募集到基金數百元。「該院的鋼骨水泥兩層樓房就是這次公演賺來的。」張維賢回憶這段經歷，總是帶著自豪的口吻。

在一九二八年張維賢赴日學習之前，星光還曾在永樂座日夜連演十天，在當時的台灣都是了不起的紀錄。

知識分子創作新劇，要演符合台灣真實生活的戲

台灣新劇史上另一重要團體「厚生演劇研究會」，也喜歡在永樂座演出作品、表達理念。中日戰爭爆發後，皇民化運動興起，隨之太平洋戰爭又點燃「禁鼓樂」的警燈，並成立「皇

民奉公會」，專職控管戲劇、音樂與歌謠等。劇團想要表演，就必須「改良」為符合當局推廣的形式。為了活下去，劇團就得配合和應對。

戲劇界至今仍流行的「打死日本婆仔」可作一例。相傳當時演出歌仔戲，門外一定有人把風。一次演《狸貓換太子》，正演到準備打死蔻珠，把風的人忽然喊：「趕快，趕快，日本警察來了！」演員們速速套上和服後繼續表演，就演成了「打死日本婆仔」；這時文武場也要機靈，拉鉉絲吹嗩吶，轉身就得改奏薩克斯風。

知識分子參與的新劇，乃是從導演、編劇、舞台設計、音樂設計等各方面都更具思想深度和精神追求的作品。

張文環、林摶秋、呂赫若等一群對戲劇文化活動有興趣的文化人，其中大部分都有日本留學的經驗，他們認識到內地戲劇的成熟與優勢，卻不能苟同殖民政府強迫推銷日本式的劇團組織、劇作技巧的粗劣手段。

於是他們主張生活在台灣的人共同創造符合台灣居民真實生活的演劇，「來演自己的戲！」一九四三年春，厚生演劇研究會在餐廳山水亭成立。山水亭老闆、也曾是「星光演劇研究會」成員的王井泉等人也都加入幫忙，林摶秋統籌編導，張文環、呂赫若擔當顧問，士林、新莊、桃園一帶的青年演劇隊成員是基本演員。

他們以不到五個月的排演時間，推出張文環小說改編新劇《閹雞》，以及《高砂館》、《地熱》和《從山上看見的街市燈火》，總共四齣強檔戲碼，創造「晚上七點開演的戲，五點多已有很多人排隊，六點半戲園即告爆滿」的盛況。

台北大空襲，戲劇大夢灰飛煙滅

厚生演劇會的點點滴滴，號稱台灣第一才子的呂赫若有悉心的紀錄。比如，「第一次練習，在王井泉家。」「下班後去大稻埕。厚生演劇研究會的集會，出席率很差。」

戰爭繼續的十月的某一天，他按習慣寫著日記，內容卻不同於以往的工作、交友和戲劇活動：

清晨四點左右發布空襲警報。到上午八點多突然發表說敵機入侵。接近九點時，美國的俯衝轟炸機群終於在台北上空出現，以松山機場為目標開始轟炸，是俯衝轟炸。接下來大約有十次——迄下午三點半，一波又一波地頻頻飛來轟炸。……

這是日治末年的台北大空襲。

美軍轟炸機群從菲律賓起飛，沿著台灣由南到北進行轟炸。台北在空襲中也挨了三千八百枚炸彈，許多建築灰飛煙滅，包括風華一世的新舞台。

永樂座則逃過一劫，在戰後更名為「永樂舞台」、「永樂戲院」繼續活躍。戰後初期，永樂座雖然一度有上海名角顧正秋劇團連演京劇四、五年，但似是傳統中國戲劇最後的風光歲月。一九五四年，「永樂戲院」轉型為兼營電影放映和舞台演出的混合形式，然後再搭上台語電影風潮，一度標榜是「台語影片大本營」，不過，上一個時代精神的戲院，已遠遠追不上電影技術，永樂座終於永遠從人世舞台安樂落幕。一九六〇年戲院宣告停業，再十年即告拆除。

隨著地方制度改革，更名為「萬華劇園」的艋舺戲園，命運也相同。戰後就不復當年演出的風華，一年歹過一年，終於在台北捷運龍山寺站興建時，因為夾在工程的噪音與塵土之間，無奈接受政府「補助」而結束營運、拆毀。

今天的迪化街，每逢初一依然爆竹隆隆地響，禮花漫天地飛。人潮穿過「風調雨順」、「國泰民安」的一串串燈籠和燈箱閃爍的老字號商店街，在永樂市場、城隍廟裡摩肩擦踵。迪化街郵局前的鑲銅地板寫著「永樂町郵便局」。這裡就是永樂町，獨缺昔日門庭若市的永樂座。

永樂市場八樓有布袋戲博物館，無論平日週末，總有長輩帶著孩童上樓轉轉，溫故知新；九樓的大稻埕戲苑，掛在外牆上的巨幅海報說明這裡常演歌仔戲。

二十世紀末，辜家在台北信義區松壽路重建成一新式劇場，就沿用「新舞台」的名字來紀念。可惜，偏偏才過完十六歲生日，這座日下地處最鬧市區域的中型現代劇場，正面臨著閉館遷址的尷尬處境。不過，無論留在原地還是遠赴南港，新舞台的名字還有關於它的記憶早已是台北這座城裡，一段抹不去的歷史。

十三、神仙落難記

——諸神易地而居為求存活，神仙如此，何況凡人

當信仰本身面臨災禍，
此刻能夠安撫人心的，仍然只有信仰

「寺廟諸神升天！」

一九三七年戰爭消息傳遍台灣各地，這句口號唱響各地大小廟宇。艋舺第一廟門龍山寺夾在舊街（今西園路一段）和頂新街（今西昌街）之間，在日本時代戰戰兢兢支撐四十餘年，但這回也和艋舺其他寺廟相同，面臨巨大壓力。

自清末康熙年間以來，第一批漢人來此開墾，落地生根後，不斷築起大小廟宇。信仰，一直就是艋舺人最親近的日常。

一八九五年，日本統治開始。殖民者對於艋舺的民間信仰感到陌生，軍人、官員大量來台之時，選擇占用廟宇當作辦事處，甚至輕蔑破壞神像。龍山寺為求自保，隔年成為日本佛教曹洞宗的「台灣布教本部」，勉強度過幾年太平日子。

然而戰爭卻逼急政權的耐心，牢繫信仰的生活不再被允許。一九三〇年代，日本發動戰爭的野心漸露，宗教管制漸趨嚴格，終於在一九三七年發起「寺廟整理運動」，放手讓地方政府整頓台灣人的信仰生活。各州廳的粗暴政策將小間廟宇廢除或併入大廟，日本正統神祇之外的「多餘的神」被迫交出，一時全台土塑神像陷入浩劫，頭顱身軀灰飛煙滅。

再一次，龍山寺廟方為免受到波及，很快配合州廳政策，完成寺廟登記並訂定管理規則。後殿的媽祖娘娘、關帝爺、文昌帝君等神明因此保住，艋舺地區的慌亂氣氛也暫時穩住。當信仰本身面臨災禍，此刻能夠安撫人心的，仍然只有信仰。

艋舺龍山寺原初是泉州的晉江、南安、惠安三邑人集資，由紳商黃典謨發起，從原鄉渡海帶來觀世音菩薩分靈。一七三八年始建，兩年後竣工，是艋舺最早、香火最盛的廟宇。

日本時代之前，龍山寺已歷經幾次整修；頂著斑駁不堪的柱體，建廟近兩百年後，住持福智和尚在一九一九年捐出畢生七千多圓積蓄，徵得地方支持，完成了規模最大、也是最關鍵的一次重建。

這次重建，聘請到福建惠安的溪底派名匠王益順主持，歷經四年完工，建築精緻富麗，奠定龍山寺至今的風格與格局。

艋舺龍山寺，一七三八年始建，兩年後竣工，是艋舺最早、香火最盛的廟宇。（台大舊照片資料庫提供）

（206）

龍山寺雖主祀觀音菩薩，但並非正統的佛教寺廟。建廟以來，無論是參與地方上的族裔械鬥、涉入郊商事務、甚至進行政治抗爭，與地方社會互動甚密。這次重建，更是打開了龍山寺原本封閉的三邑人色彩。

福智和尚的募款工程中，受到來自鹿港的大稻埕名紳辜顯榮助力甚多。一人就獨捐四萬圓，不僅擔任董事長，也帶動超越原籍的捐款來源，從艋舺、大稻埕、錫口、士林，甚至擴及淡水、板橋、新莊、基隆等地。

於是，龍山寺的信徒與支

日本時代之前，龍山寺已歷經幾次整修；頂著斑駁不堪的柱體，建廟近兩百年後，住持福智和尚在一九一九年捐出畢生七千多圓積蓄，徵得地方支持，完成了規模最大、也是最關鍵的一次重建。（台大舊照片資料庫提供）

龍山寺雖主祀觀音菩薩，但並非正統佛教寺廟。建廟以來，無論是參與地方上的族裔械鬥、涉入郊商事務、甚至進行政治抗爭，與地方社會互動甚密。（台大舊照片資料庫提供）

持者，已經不再如清領時期般、純粹限定在三邑人聚落。

而這種混雜的特質，在另一座艋舺廟宇青山宮，發生得更早。

王爺誕辰，艋舺大拜拜作鬧熱

沿著龍山寺西牆邊的舊街慢慢往北走，經過現已遷至西門町的媽祖宮（新興宮），轉個彎，青山宮就在眼前。

青山宮的落成約晚龍山寺一百二十年。一八五四年，艋舺發生瘟疫，惠安移民從故鄉帶來青山王香火，度過劫難後便安頓在歡慈市街上。

舊曆十月下旬逢青山王誕辰，七爺八爺、地藏王菩薩前護法神「官將首」率陣頭和信眾，連續三日遶行艋舺，人們逕稱為「十月二二」或「艋舺大拜拜」，標示著地方對生活裡的信仰之熱切與熟悉。其熱鬧景況也可見於日治時期的艋舺，一九二五年《台灣日日新報》便曾記載：

> 為細雨霏霏間，有行至半路退散者，實屬遺憾。然因青山王靈驗夙著，一般隨香客，比例年甚形擁擠，雖為細雨所阻，而仍熱誠進香。
>
> 前二夜夜訪，其行列熱鬧；一日朝來人氣奔騰，車轎擁擠。

主祭典前兩個晚上的暗訪，是艋舺大拜拜特有的前奏與預告。鬧熱接連三天，神轎巡行各街，家戶擺出香案、祭上供品，兼有辦桌和流水席宴，艋舺彷彿一年就期待這一回。

青山宮所在街路即今日所稱「台北第一街」，昔稱歡慈市街。歡慈市街原名「蕃薯市街」，是四百年前墾荒之初，平埔族紗帽廚番社與漢人依河進行物資交換的地點。因為蕃薯是當時交易物品的大項，於是成為地點指稱。這是艋舺最老的市街，也可說是台北的起點。

康熙年間，墾號陳賴章取得拓荒許可，開始鳩眾耕種，淡水河東側首先建起房舍，形成小小聚落，延續了蕃薯市街的名字，最後演變為貨色齊全的市集。

蕃薯市的繁榮同時帶動港口興建，港口帶來移民。胼手胝足墾荒的先民面對小島瘟疫病災叢生，尤其需要故鄉守護神作為心靈依靠。在艋舺，信仰使眼前未知的人生有了依憑，日子隨著廟宇慶典而過，血汗交織所得的成果，也在低眉垂目的神像前，成為讚許肯定的收穫。

四界蒙熏，良木作香能治病

為了消解災厄，人們進出廟宇，而其間不可或缺的線香、金紙，其實就是世俗生活裡最親近的神聖事物。除了祈求諸事如意、問神指點迷津，也因神聖到如此親近，甚至可以是日常治病的藥方。

日治時期作家呂赫若的小說〈玉蘭花〉中，描述一個台灣小孩與暫住在家的日本人鈴木善兵衛之間的情誼。一日鈴木發燒，遲未痊癒，於是台灣祖母來到孩童和鈴木經常釣魚的河邊，燒香招喚「魂魄」，為鈴木醫病：

我帶領年輕祖母來到有水力擣米小屋的河邊。年輕祖母再一次慎重地問：「就是這裡？」然後點燃香，向著水流的方向拜拜，口中開始念念有詞。……然後年輕祖母捲起衣服前襬，把鈴木善兵衛的上衣放進去，以持香的手緊緊地抱著，走在前頭，緊緊抱著，步上歸途。邊走邊喊：「鈴木先生！回來吧！鈴木先生！回來吧！」

台灣祖母以線香為媒介，高舉朝向神明祈求，祈求招回日本青年的魂魄，復歸俗世的健康狀態。線香是人神之間溝通的橋梁，燃盡代表心願已經傳達。燃燒間的香氣、餘下的香灰，則是信眾掌握神靈庇蔭、治療身心的憑藉。

無論線香、香氣或香灰，都是信徒心中的祈願，希冀獲得神明的靈力庇佑；一炷線香，或許可視作信仰生活的縮影。位於草店尾街（今貴陽街東段）的「老明玉」便是以製作、販賣線香為業。

清末及日治的艋舺，眾多寺廟周緣販售金紙與香品生意的行號，最多盛達一百餘家，龍山寺附近更是密集。日本時代初期開始在草店尾街生根的「老明玉」，即是典型。

老明玉創始於三代之前的黃燦，他在清末從福建來到台灣，起初在南部製香為業，輾轉落腳艋舺。從挑擔賣香到開店，搬遷幾次之後終於在一八九七年（明治三十年）定址於此。不甚寬敞的店裡，飄著沉甸甸的木頭香氣，成束成疊的線香、金紙擺放在一格格櫃子裡，乍看竟似中藥鋪子的格局。人客只要在掌櫃面前說明敬神或祭祖，老闆轉身在格子間轉一轉，便能揀選出最合適的香材。這樣的光景，也與藥鋪的抓藥如出一轍。

老明玉的線香以檀、沉、楠、檜等木料製成，其中尚添十幾二十幾味的中藥材。層層粉末鋪疊濃濃藥香，所謂香灰可治病，並非愚民的無稽之談，而是良木漢藥純製提煉的香真能療癒。燃香敬神，撫平人的無助；深聞香氣，再鎮定心情，沾著香灰清淨身體，更加見其效用。

煮米製粿，信仰中有人情滋味

同樣因信仰生活而興盛的，還有吃食生意。

廟旁的小生意，固然是為了討生活，但這些小吃同時滿足了參拜信眾一時的嘴饞，廟埕也成為談笑風生的聚會場所。

賴和在小說〈歸家〉中，描寫一位離開故鄉求學的青年，多年重返故里時，已與鄉人產生隔閡，到哪都像作客。童年玩伴因為不同歷練不再熟識，街上景致亦和記憶中的模樣相差甚遠，故鄉似乎不再是「故鄉」，偏偏卻一再憶起消失的味道：

> 頂變款的就是街上不常聽見小銅鑼的聲音，這使我想起那賣豆花的來，同時也想起排個攤子在路邊賣雙膏潤的，愛和孩子們說笑的賣鹹酸甜的潮州老，常是排在祖廟口的甘蔗平，夜間那叫賣的聲音，直聽到里外路去的肉粽秋……

這是信仰的滋味，廟口的經典。每一樣都是吃粗飽的人情世故。信仰有了味覺，才讓身體有故事可說。

傳統台灣歲時祭祀的祭品，幾乎都是米製的糕仔、粿仔。元宵節流行的「乞龜」、「還龜」活動，就是以象徵長壽的米龜向神明祈求好運。連橫《雅堂文集》中記載：

> 慶弔之事，以麵製粿，或磨米為之，形如龜，謂之紅龜。喪則用白。龜長壽也，讀如居，謂可居財。坊里廟會，陳龜數十，或重至十餘斤。人向神前乞之，謂可介福。明年此日，乃倍償焉。

還有孩子滿月的「滿月圓」、婚嫁的「轎斗圓」和喪事的「面頭粿」等等，常民生活幾乎一年到頭、從生到死，都仰賴這些米的再製品，糕粿用以敬拜諸神明，更能犒賞五臟廟，生活、生意，與信仰結合為一。

「芋粿水」便是艋舺老一輩人口中令人魂牽夢縈的老店。芋粿水指的是「黃合發」的創辦人黃得水，一九二〇年（大正九年）開始在艋舺挑擔沿街叫賣芋粿，好味道在當時來往商人、船工眾多的蕃薯市闖出名號。在台灣總督府的《臨時台灣戶口調查職業名字纂》中，賣粿、糕餅和點心這類行業，沿街叫賣的「出擔」就占三分之二。當時「黃合發」尚無店面，也是其中之一。

早年河港還繁榮的艋舺，許多人從三峽、大溪坐船至蕃薯市做買賣。在船港間上下搬貨的苦力，工作結束後，總愛在河港旁這邊走走那邊看看，不同形狀的各色糕粿此時看起來格外吸引人。

苦力在自己家鄉不一定捨得買，但跟著船東來回碼頭裝卸貨，雖腰痠背痛，口袋裡卻也進了些銀子，總要犒賞自己一下，便買點紅片糕、芋粿、甜粿或紅龜粿當點心吃。芋粿水的糕粿大受好評，名號大響，站穩了店頭。

烽煙連年，神明且「升天」

繁盛的日子並不久，從寬容到緊縮不過幾十年。二次大戰爆發，台灣迎來「諸神升天」、信仰緊縮的日子。

殖民者推行皇民化運動，在台設立日語家庭，並要求廢止台灣寺廟、改奉日本神明。一九四三年，殖民政府以開闢防空道路為由，強制拆除屹立近兩百年的艋舺新興宮。

清代艋舺的開發逐漸擴展之後，先民繼龍山寺之後繼續集資蓋廟，蕃薯市街附近曾可見供奉媽祖的新興宮，和主祀福德正神的福德宮，而媽祖宮口街、土地後街如此以廟宇為名的街道也隨之出現。

原本位在貴陽街與西園路口，曾與龍山寺、清水祖師廟並稱艋舺三大廟門的新興宮，終於面臨拆除。為了保護守護神媽祖娘娘，信眾將神像及神器暫時安奉於龍山寺後殿。五年後，流落他廟的媽祖聖像，才從龍山寺遷出，改奉於成都路北側近西寧南路口交叉口的「弘法寺」。信仰並沒有消失，成為今日西門町的西門天后宮。

日治時期抑壓傳統信仰，也不完全是殖民的暴力。至少，台灣本島的進步青年，心中曾經浮現共鳴。

> 這箇地方的信仰中心，虔誠的進香客的聖域，那間媽祖廟，被拆得七零八落，「啊！進步了！怎樣故鄉的人，幾時這樣勇敢起來？」我不自禁地發出了讚歎聲，我打算這是破除迷信的第一著手，問起來纔知道要重新改築，完全出我料想之外。

賴和的〈歸家〉中，年輕的主角得知香火鼎盛的信仰中心即將拆除，沒有悲嘆，而是為破除迷信喝采。他們追求的美好世界，是通過科學文明，而非守著傳統信仰。

即便如此，小說和現實中的媽祖廟都沒有真正消失；小說裡準備改建，現實中則在幾年波折後合祀於日本佛寺，最後甚至取而代之成為主神。政治的壓力再強大，支撐人民生息的信仰也會找到生存之道，傳統宮廟從未自台灣民間社會消失。

位在老明玉附近的清水祖師廟，也是艋舺三大廟門之一，由福建泉州安溪移民籌建，晚了勢力龐大的泉州三邑人五十年，才蓋起自己的廟宇。廟裡除了從安溪分靈來台的清水祖師香火，還帶來了保儀尊王和法主公，都是他們在原鄉的守護神。不同於龍山寺的華美，祖師廟規模較小、風格相對古樸。

祖師廟的地理位置得天獨厚，廟宇外圍遍布池塘與泥沼，祇有祖師廟的位在高處；加之位在城內和艋舺交界，可以說是新舊台北的樞紐；廟宇更朝向艋舺最重要的三港——大溪口、滬尾渡口、王公宮口，面對熱鬧市街和港口帶來的信眾。

日本時代，這裡多次被台灣總督府徵作學校用地，國語第一附屬學校（今老松國小）、艋舺第二公學校（今龍山國小）等學校的校地，台北州立第二中學校（今成功高中）都曾經借用。州立二中校歌搬離祖師廟後，其校歌還曾經唱道：

光も清き祖師廟に、生まれ出し昔偲び見よ

（神聖光輝祖師廟，莫忘當初建校時）

頂下郊拚，為碼頭之利毀廟動干戈

祖師廟關鍵的地理位置，還曾因此在清末的分類械鬥中扮演攸關勝敗的角色。

一八五三年夏天，艋舺因為碼頭利益的新仇舊恨，爆發「頂下郊拚」。一邊是泉州晉江、惠安、南安三縣合稱三邑人、與閩北往來的為主的「頂郊」；另一邊則是以泉州同安人為主、與廈門一帶進行貿易為「廈郊」，在八月爆發大規模械鬥。雙方動用各式刀槍武器互相砍毆，規模更接近小型戰役。

同安人基地八甲庄位處低窪，原以為憑藉祖師廟作為屏障，堡壘易守難攻。萬沒想到，原本立場中立的安溪人竟應允讓三邑人燒毀廟宇，取道直攻八甲庄。這個轉折，註定了同安人敗逃大稻埕的結局。

一八六二年，金門舉人林豪為當時為期數年、死傷慘重的頂下郊拚寫下〈招魂曲有引〉一詩。詩中描繪殺戮慘況，及不解為何而戰的哀嘆：

> 去年蠻觸苦相怒，忽地烽煙不知故。
> 朝驅子弟尋仇家，暮挺干戈逢狹路。

新興宮，主祀媽祖。原位於貴陽街與西園路口，曾與龍山寺、清水祖師廟並稱艋舺三大廟門。一九四三年遭日本政府拆除後，信中將神像暫時安奉於龍山寺，戰後移至西門町「弘法寺」，為今日「台北天后宮」。（台北市文獻委員會提供）

生靈刈盡村為墟，碧血消沉萬骨枯。
化作蟲沙歸未得，魂招何處徒嗟吁。

單就結果論，似是三邑人得勝，但實際上各方皆有慘烈犧牲：同安人退出艋舺這塊各家爭利之地，背著霞海城隍敗走大稻埕；清水祖師廟付之一炬，械鬥後十四年才自行募款重建，後殿至今還未修復，空蕩蕩一片。

雙方原本爭奪的碼頭利益，卻因艋舺河沙淤積，原本的商業價值一落千丈；固守傳統的艋舺地方勢力，也悍拒歐美商人進駐，把未來北台灣的茶葉生意、國際榮景拱手讓給大稻埕。在頂下郊拚中落敗的同安人，反而重新占據了北台灣的商業貿易中心。

廟前論政，今非昔彼的艋舺興衰

時過百年，捲入族群械鬥的龍山寺，戰後再度成為常民生活「講政治」的地方。

戰後初期中下階層窩居於龍山寺前由公園改建而成的廣場，各式攤販也來到這裡擺攤；七〇年代之後，不只廣場是黨外運動的舞台，龍山寺內也曾舉辦黨外候選人的演講。一九六九年，艋舺出身的康寧祥，在龍山寺發表競選演說，當選台北市改制後首屆議員，成為他的政治生涯起點；一九八六年，追求言論自由的鄭南榕，也曾與群眾在龍山寺集結，

清水祖師廟艋舺三大廟門之一，日治時代多次被台灣總督府徵作學校用地，包括今日的老松國小、龍山國小、成功高中等皆曾經借此為校。（台大舊照片資料庫提供）

準備遊行至總統府，一度遭封鎖於廟內。

台灣解嚴時代前後的緊繃氣氛，如今消散，九〇年代台北市政府重新整頓龍山寺廣場和廣州街交通，廟埕與廣場之間被切開，清談政治的習性自此破壞。噴水池前方的空地，散布兩三家貨車攤位小販，以及許多不談政治、只求生活的邊緣人，如同日本時代收容那些落難神明。

而一樣為了討生活的那些傳統生意，愈來愈是慘澹，「台北第一街」上的黃合發如今多是大門深鎖，偶爾捲起鐵門讓人瞧進店內，卻像經常能在鄉間見到的、散發一股老舊氣味的雜貨店。

宗教信仰似乎不再是人們生活中的依歸，只是這沒落舊街區難得的點綴。神明也許不介意，然而地方的興衰卻快速地有些殘酷。龍山寺後頭即將興建起龐然大物，天際線即將被破壞；街巷間，都市更新的大幅廣告隨處可見，上頭擘畫「更新」之後的遠望。

時間走得太快，曾以為永恆不變、引以為傲的場景，卻已是台北人、艋舺人難以啟齒的過往。

十三、淡水河百年史

——「河，沒有蓋子呢！」

河流是經濟命脈，也是休憩空間，
是自由戀愛的場域，但也是鬱滯生命的出路，
邊陲地帶也成收納無家之人的處所。

靜寂夜空被砰然聲響劃破，一瞬間所有人抬頭凝望相同方向。燦亮繽紛的色彩乍現，轉移了夏夜悶熱的煩躁。煙花之下，人們眼神凝注，嘴角微揚，簇擁著彼此的肩背而不露厭煩，誰教這綻放於夏夜的繁花如此炫目奪魂。當最後一束花火沖天綻放，方才彷彿被下了定身咒語的人們，才輕輕擺動肢體，有的佇足、有的還坐穩原處，或與身旁的人回味方才的景色。

這花火盛會開在夏季水岸，所以並不是今日的國慶或跨年，而是當時庶民的休閒活動——納涼會。煙火時間結束，人們或起身離開，更有人繼續遊蕩。所有人都知道的，方才的花火同時也是時刻的報知，等於提醒來會者時間，該走或留各自忖度。

留下的人，也不是遊手好閒亂晃蕩。會場上可不寂寞，有人搖頭晃腦地吟誦詩詞，也有人瀏覽連幅的寫真。或者是鑑賞難得一見的活動寫真，瞧那畫面快速閃動，不是懷念熟悉的蓬萊風情，就是新奇的日本風景。最新款式的蓄音機，大喇叭播送出來的旋律在夜風中搖曳，有時甚至是現場演奏，而人們就手持小攤兜售的冷飲，或酒或冰或者是大人小孩都愛的「曹達」汽水，跟著樂隊一同搖晃陶醉。

這台北水岸的納涼會，其實是日本領有台灣之後，才引進江戶時代傳承下來的夏日庶民活動。即使今已不傳，翻開當時的《台灣日日新報》，這種勾人往水湄消暑的休閒活動資訊在夏天如煙花般閃現，一幅河岸人群雜沓、競賞花火的畫面也宛在眼前。

一九〇二年七月二十四日的《台灣日日新報》就夾著「第四回納涼列車」的小欄位。台

日本人將煙火大會引進台灣，成為日治時期台灣夏日及受歡迎的休閒活動。（台大舊照片資料庫提供）

北的納涼會場除了水岸，也會在溫泉地、海濱。北投的磺港溪畔，雖然冬日是溫泉勝景，但到了夏天則是浴衣滿街。炎熱的七、八月，只要花少許車資，就能靜度涼爽一宵。一九一三年八月，更有《台灣日日新報》社主辦一場盛況空前的「台北官民北投納涼會」，台北到北投的當天車票，開賣不到三十分鐘就完售，北投驛站一天進出三、四千人，手持票根便可以到北投各旅館隨意休息，是一百年前台北最經典的夏夜活動。

納涼會的宣傳與促銷，都與交通運輸分不開。淡水線完工後，搭乘列車就可輕鬆前往目的地，鐵路交通與當地休憩設施同時招攬了大批等著納涼消暑的熱帶子民。除了去河岸、往北投，還有基隆海水浴場，當時又稱大沙灣海水浴場，從台北車站搭上列車往基隆，再搭乘小輪船前往大沙灣。在〈納涼續報〉還幫遊客完整地列出大沙灣的動線規畫：

本日六時三十分。將由台北驛發臨時之納涼列車。既如所報。頃訂七時三十分抵基隆驛。即乘警察及郵船會社商

台北橋原名為淡水橋，一九二〇年才改名為台北橋，由於河水侵蝕木橋樑柱，改建成適合現代交通工具的鐵橋，於一九二五年通車，夕照為台北八景之一。（台大舊照片資料庫提供）

船之小輪船並團平船。以抵大沙灣會場。其地有基隆料理店、日本亭、吾妻、入船亭等。所有藝妓酌婦輩三十餘名。攜麥酒冰水及鮓諸物。在彼販賣。尚有停車場前諸待合茶屋。寄附球燈及煙火。約二時半許。可隨意納涼。直至十一時始由基隆回車。十一時五十八分抵台北。是役也。車中往復。皆有奏樂。與販賣冰果等。乘車券乃訂每枚七十錢。小兒則減其半額。……。

這樣行程，往返的票價，在當時約莫是七十錢，兒童半價。在某些促銷行程中，車資可能還包含飲食住宿，再加碼還能搭乘供應酒餚冰品的列車，等於從踏入車廂開始就納入涼意。

夏日煙火夜，滿天繁華綻放下墜，倒映水面彷彿星辰落入凡間，河水滔滔奔流一併帶走了暑氣。曾經，台北人離水很近很近，河水根本就在生活裡，河岸活動刻劃了人的生命節奏，曾幾何時，高築的堤防阻斷了人對河水與河岸的想像。曾經傍水而生的台北人，沿著近年才慢慢重生的水岸慢跑運動，或臨著河風低頭沉思，尋求生活與生命的意義。這一段人與河從相望到阻絕而又重逢的故事，也許就從一段斑駁矮牆說起。

大溪口，三江交會之處，台北的起源

今日到環河快速道下車道的路口，它的右側與貴陽街二段相接，左邊是另一面斑駁的灰色水泥牆，染印水漬而藤蔓攀長成幅。這個位置的舊地名——「大溪口」，不就提供了台北身世的線索？只是彼時的「台北」還不是台北，而是新埔地與沼澤，人稱的瘴癘之地。大溪口——淡水河、大漢溪、新店溪的三江交匯之處，水量豐沛通達南北，一切都從「河」而來。無論是來自唐山越過黑水溝的泉州三邑人，還是平埔族，都乘船在這河口互通有無。交織於河面的船影帶來大量商機，人住了下來形成聚落，開始關於河的生命歷程。

一開始是艋舺的興盛，金普順、金萬順，這些艋舺郊商在當時可是無人不知無人不曉。碼頭邊就停靠著載滿金銀紙、布匹綢緞、茶葉或樟腦等包羅萬象的船隻，一艘接過一艘，就像河裡撈上來的都是黃金，彷彿河水一瓢一瓢都是銀兩。工人則從商船上扛負著一箱一箱的貨物到岸邊，這批夥計在日頭底下，雙肩擔負著一家的生計，熱汗蒸騰，看著老闆們享受生活，心裡盤算如何存活，如何在這金銀閃亮的世界裡安穩過日子。

當時人們口中傳頌著：「第一好張德寶、第二好黃仔祿嫂、第三好馬笑哥」，這歌詞裡的無不是經商致富的名字。張德寶其實是張秉鵬所創的郊行商號，而張秉鵬與馬笑哥的王則振都是郊商，黃仔祿嫂承接艋舺望族黃家丈夫過世遺留的樟腦和木材工廠，一切都要靠河港出口。黃家控管的大溪口，就是艋舺最重要的河運基地。商貨買賣與物產加工，河水承載著人們對生息繁衍的想望，俗諺傳誦著人們的欣羨。

守著河港，就是守著權力，也是「一府二鹿三艋舺」盛況的基礎。一八五三年，艋舺發生了一場慘烈的分類械鬥，史稱「頂下郊拚」。閩南移民中，由泉州府南安、惠安、晉江

台北水道全景。從台北水源地的矮丘俯視，新店溪蜿蜒而下，是當時談戀愛的好去處。
（國家圖書館提供）

三縣移民合作的三邑人，為了地盤，將敵對的泉州鄰鄉同安人驅趕到大稻埕，殊不知未來瘟疫導致眾多死傷，也不知河道將淤塞改道。艋舺三邑人搶著守著，竟會逐漸失能的「空港」。

淡水開港、艋舺落寞，台灣躍上國際舞台後，大稻埕成為重要轉運中心。茶葉、南北貨、中藥、布匹透過淡水河通往海峽與大洋。河堤岸邊蓋起了圓弧拱廊的洋行、雕花拱窗的洋樓，運貨船隻甚至可以直接載到後院停泊卸載。

時移事往，從艋舺再到大稻埕，商業的興衰起落其實就是一條河的變奏曲，船隨河而行，人也就跟著到哪。淡水東岸，艋舺、大龍峒與大稻埕依序崛起與沒落。展開日治初期完成的《台灣堡圖》，會發現彼時貴陽街與環河南路的交匯口，艋舺外邊緊鄰的已不是河，而是淤土。這是早期河港的必然宿命，卻動輒震撼仰賴河運維生的勞工，因為河水所帶來的，是夥計一家的小小寄望。當淡水河淤積情況益發嚴重，先是基隆港取代淡水，人們繼而發現了陸上新興交通的穩當便捷。鐵路淡水線載著人們前往溫泉海濱納涼的同時，也承載著重重的貨物。於是人們與淡水河之間，不再只有溫飽維生的關係了。

鐵道興起，河運退位，提供都市人們安放身心

原本台北與淡水，約相距三十里路，水道是貨物運輸的唯一選項，也賦予艋舺一代風華。

但一九〇一年八月二十五日淡水線鐵路通車，成為尚未完工的縱貫線鐵路的天字第一號支線，河運時代就要巨變，台北人對於市區與郊外的距離感出現差別，生活習慣也隨之改變。

當連雅堂從淡水登陸，沿著鐵道入台北城，他就寫到：「淡江潮退好停槎，趁早偕行乘火車。暫洗征塵動遊興，一時看遍稻城花。」他隨路觀賞，兩岸夾道的沿岸風景：觀音山、艋舺與劍潭等逐一在詩句中展開。彼時，台北漸漸從水運的網絡遷至陸地，兩者消長拉扯。人開始有更多選擇，從淡水入台北不再只是河道，河退位為選項之一。

除了鐵道，新式交通工具也陸續成為街頭風光。一九〇五年台北市市區改正計畫實施，一九〇八年城牆拆除改闢三線道路，自行車四處流轉街衢巷道，等到道路拓寬且鋪設柏油，自動車更是大行其道，載客的公共汽車、出租車與計程車，隨著逐漸密布的公路系統延伸到郊外。河流，更不被需要了。

朱點人〈秋信〉裡斗文先生便是被這樣台北交通的速度，衝擊到無比失落。從竹圍環繞的鄉下，搭乘鐵道北上，途經甘蔗田、萬華驛、北門，最後進台北驛。斗文先生搭乘鐵道列車的旅程，即是被新興交通所帶來的人事變遷的衝擊之旅。當他走出剪票口，馬上被台北驛前的人潮推行，完全失去自主能力。歷經博覽會內容的刺激後，一再加深的茫然失序，不知所措，也得靠那一名人力車伕問他：「老先生！要到哪裡去，要坐車不坐？」才能終於在都市裡找到安放失魂的一絲契機。

與斗文先生對比的是王詩琅〈沒落〉裡一夜狂歡後回到住家的的耀源，從小生長於艋舺的耀源對都市方位與交通手段都瞭如指掌，他甚且可以指示計程車司機路線方向。

大稻埕取代艋舺成為河運的重要轉運港口後，載運商貨的戎克船（junk 音譯，中式帆船）停靠在大稻埕的河港邊。（國家圖書館提供）

市內、近郊的陸路運輸已連成網絡，乘載人們駛向文明。淡水河原先的商業貿易、交通運輸功能幾乎全被取代，但人們在進步飽足之餘，仍需要河水幫忙安放身心，這是另一種與河流的共生之道。

河岸風光旖旎，見證情感的波折與始終

從淡水河岸、磺溪溫泉、基隆港邊，在水一方的納涼會，成了人們親近河岸的最新理由。河岸的意義，由商業苦力碼頭化身大眾娛樂休閒。河邊成為新景點，搭配各色活動。河岸開闊，芸芸眾生可在此偶遇結識；橋墩旁堤防下多有暗處，保證了兩人世界的隱密。被戲稱「亂愛」的澎湃情感一時野草風吹，席捲全台。台灣人最早的日語小說也是戀愛小說絕非偶然，一九二〇年代謝春木〈她將往何處去〉迫不及待告訴讀者，戀愛該往哪去——圓山公園、水源地、北投，其中尤其水源地最為理想，行走在相思樹林間，水稻、農場不時投映眼簾，和背後的蟾蜍山，船帆航行於蜿蜒的河道。

水源地，顧名思義，是台北的飲用水源頭，其實也就是一九〇九年設置的自來水淨水廠。這裡是一塊地勢略高的河濱小丘，位在台北公館附近，因為飲用水源，因此水質清澈無比，周遭矮房羅列縱橫。在這裡，河水在眼底，蜿蜒像一條銀帶在綠叢間穿梭，遠眺還可看到台北最高建築物總督府。臨河風景佳，綠樹可遮蔭，絕對是愛侶磨腮擦耳的好地方。

再遠些，往河下游走，連通大稻埕碼頭和三重埔的台北橋——這附近坐擁淡水河「鐵橋夕照」的風景，曾列名台北八景之一，常出現在繪葉書之中販售。出身新莊的畫家李石樵，一九二七年就以〈台北橋〉入選台展，再晚幾年，陳澄波也來一幅〈台北橋．淡水河〉。水泥橋墩，嫣紅飛拱，在河水暮色橘染下，格外迷魅。這樣的河邊名勝美景，當然要成為戀人們互訴衷曲的舞台首選。日本人作家山川不二人的〈女心秋空〉描述：

後來走到大橋去散步，從水門穿過堤防沿著淡水河岸前行，陽光閃爍、七星山雲靄環繞、觀音山色秀麗、河上戎克船影點點。雖然河岸的水泥堤防就像阻止我們交往的她老媽般冷酷，但我們沉浸在戀愛中，走過大橋，在河邊草坪上坐下來甜言蜜語。

流水如戀情旖旎、堤防卻似古板家長般掃興；這河水與情感的波折，卻仍在男女交往首論門當戶對的保守風氣中，宛如煙火般轉瞬即逝。唯有河岸風月，一代一代見證著浪漫情懷的始與終。

河水滔滔，豐富生命，也向失意人招手

相戀的失意不只可以由河景見證，河水河岸甚至可能是安放心碎的場所。張文環〈藝旦

大稻埕的淡水河岸築起有著拱廊的洋行與洋樓，是淡水河岸的現代風景，堤岸可見商船起卸貨物。（國家圖書館提供）

相較於洋化的建築風景，淡水河的另一岸仍維持台灣閩式建築風格。河道上除了商船，還有不少扶搖船槳的船舶。（國家圖書館提供）

日治時期，為了度過炎炎夏日，民眾會乘船從新店溪順著河水，一路往下到淡水河。（國家圖書館提供）

之家〉的楊秋成，因為戀人采雲的藝旦身分而苦惱，獨自一人走到港町，在淡水河水門外的濛濛煙雨中更添落寞。采雲困在楊秋成與養母之間徬徨不定，儘管身為藝旦的她堅持賣藝不賣身，不過養母一心索求她下海賺取的回報，一再推延她的從良與婚事。這樣的煩惱只能寄託於淡水河的煙雨，而當采雲終於無計可施，輾轉難眠，起身往淡水河走去：

好累。她覺得自己再也沒法與意志抵抗了，使她著急。再次聽到淡水河細碎波浪映著破曉的雲，好像是在鏡子上蠕動的影子。「真的，河沒有蓋呢。」

采雲在心裡自語。在這樣的社會裏，自殺豈不是目前唯一的解決辦法嗎？

淡水河沒加蓋，曾經見證雙雙倩影的河岸，也帶來暗影晦澀的死亡召喚。彼時報紙不乏戀愛投河的新聞。

一九二一年十月，艋舺貸座敷花月樓藝伎小政，年僅二十，與來訪的情人發生口角，悲憤情人不守舊約，鬱悶痛飲之後，便投身到沒蓋的淡水河，一小時後在五號水門附近浮起。一九三二年四月，年紀二十一歲的賴香，也趁家人熟睡之際夜出投河，事隔兩日，行經的船夫才發現。《台灣日日新報》斗大標題：「養女投河自殺續報：死體經浮出發見，原因為悲觀身世」。一九三三年七月，台北一名叫謝茂裁的男子，偕同女友林茄慶自殺，男方右手與女方左手以棉繩結住，選擇的地點，就是淡水河的關渡渡船場。無論是與情人相約殉情，或是被戀情所棄的小政，還是苦於身世命運的賴香，投入淡水河，果真是日治時期擺脫世間情纏擾的手段。

報紙上一邊是勾人走出河岸的納涼會廣告，一邊是失戀投河自殺的奇聞報導。正如采雲腦中不時響起「淡水河沒有蓋呢」的聲音，河水滔滔可以載舟覆舟，在打亮豐富生命的同時，又對失意者形成拋下現實一切的召喚。

因河而聚，卻築起堤防，河啊！不會停止流動

戰爭時期，河邊隨著休閒娛樂暫停而冷清。戰後至六〇年代前，淡水河邊逐漸堆積垃圾和淤泥。水泥堤防，在日本時代開始興建的時候，還只一米多的高

連接三重與台北的台北橋邊，夕照美景為船夫在忙碌的生活勞動中，增添些許樂趣。（台大舊照片資料庫提供）

日治時期，在新店溪旁設立「水泳場」，成為游泳練習的場所，游泳日後也漸漸成為民眾的休閒活動。（國家圖書館提供）

度，不致阻絕人們的視線與腳步。一九六〇年代的台北，開始蓋起又高又大的巨堤，逼走了河岸遊憩的人們。河流，曾經與人們的生活緊緊相繫，而後成為人休憩寄託情感的空間。而戰後的日子，卻是收納堤防外整齊都市無法容身者的所在。

一九四九年由中國遷徙而來的龐大低階士兵，沒有在城市被分配一塊地，就被甩到河邊，暫時居住在無用的河地。「暫時」二字說得輕鬆，一轉就是幾十年。寶藏巖、嘉禾新村，就有當初年輕氣壯的士兵落地生根。逐年衰老的士兵，不斷在都市邊邊角角的畸零地上，疊床架屋，也包容了其他艱苦的打拼人。

隨著一九九〇年代社區營造及單車休閒的潮起，河岸重新復興，城市邊緣的故事重新整理，寶藏巖、嘉禾新村，竟又成為都市更新的標的，相繼劃為公園預定地，一起面對拆遷的命運。而台北重新整治的河岸，規畫出慢跑、單車與河濱公園，像裁縫收整花邊，邊緣也要納入都市治理。今天河濱公園悠悠浮現，河邊休閒重回生活，彷彿一百年前的納涼會。

深夜後，只剩河風，單行車漸少，幾乎無人。當初因水而來的人們群聚，卻又懼於水的吞噬，開始築堤築牆開路，大道環河、也終於遮蔽了河，以及關於河的所有故事。爾後，透過河道規畫，重新修繕城市與河水的關係，規畫將會為河帶來什麼，無人知曉。不過幾百年來無以改變的是，河一直都在那裡，人則是總會到河邊，以它為用。然而河面上有著暗夜幽深襯著燈火浮動晃影。

關於「台灣文學工作室」

台灣文學工作室，也可以叫我們「台文工」。

台文工源於一個寫作計畫。研究對象是日治時期的台北老市街，創作技法以非虛構寫作（non-fiction）為基準，並具體在「文學研究與寫作實踐」課程中成形及操練。

我們作者十三人，幾乎都就讀台灣大學台灣文學所。看似文學史研究的正規軍，但逐日在文本史料的槍林彈雨中操兵，心思其實也會飄往書本外的現實社會去。

我們作者十三人，以人文主義空間理論為精神、以日治台北市街文學史為對象、以當代人可感受的溫度為目標，在課間共同學理論、讀歷史、談文學，七嘴八舌凝聚出共同有感的題目，復經田野、討論、改稿、校對、查繪地圖、洽購照片等分派任務的合作，在二名授課教師蘇碩斌、張文薰從旁排解紛爭提點方向，最後由本事出版喻小敏及編輯團隊提供實務指導，並透過黃子欽的視覺構想詮釋與設計。由籌畫到完成，前後歷時一年半。

對於這樣一本書，我們的想像是一座橋。分隔兩端那些親密又陌生的島國人，歷史與文學、事實與虛構、理性與感動、研究與創作，都可以爽朗上橋交談離別以後的夢想實現了沒有、讀書是否會寂寞……，以及一百年後大家還牽掛著的什麼或沒什麼。

關於創作及感謝

這個寫作計畫幸得教育部人文社會科學應用能力及專長培育計畫之補助，得以邀來富察、黃湯姆、范毅舜、陳柔縉、顧玉玲、阿潑等卓越讀書人的指導，並得到黃適上、蔣朝根等老市街學者深入大街小巷的挖寶。

本團隊的創生及寫作，皆受台大台文所庇護協助，承蒙二任所長洪淑苓、黃美娥支持，及柯慶明、楊秀芳、梅家玲等老師鼓勵，為台灣文史的未來燃燒燭光。

台灣文學工作室，衷心感謝本書出版的各種機緣，更希望本書真的是一座橋。

台灣文學工作室成員簡介

蘇碩斌

原是自慢的台南市人，而後甘願成為台北市民。本來讀社會學，後來教台灣文學。研究過都市、觀光、媒介，正在苦思文學涉入社會的方法，想要跳離現代社會，期待後現代的人類的解放。

張文薰

員林福佬客，自幼嚮往都市裡疏淡的人際關係，從台中、台北到東京再落腳台北，才發現自以為是的前行，原是沿著帝國邊緣遛圈。目前任教於台大台文所，志於日台現代文學、近代思想與文化現象之表述。

王　喆

一九九〇年生，台大台文所碩士，喜歡木柵、超市和王文興，在移動的臥鋪火車中寫下這些話，研究興趣是移動中的民國人物和文學。本書〈第七章：紙醉金迷大稻埕〉作者。

王　萌

台大台文所碩士班，射手座，B型血，宅，目前心理年齡停留在二十歲，喜歡溏心蛋、拿鐵、奶茶，喜歡海、河、湖。淚點奇怪。研究興趣為戰後初期台灣文學。本書〈第九章：藝旦〉作者。

林月先

念過生化科技，曾任《意識報》記者、編輯與社長，最近在前進出版業的路上，意外闖進台文領域。認為台灣日治時期的出版市場頗具能量，讓人聯想起十八世紀文學出版與法國大革命的關聯。目前以介入社會的出版行動為志業與研究興趣。本書〈第五章：閱讀台北城〉作者。

林安琪

潭子頭家厝人。中文系畢業後到大阪打工，被台灣歐吉桑說「你日語講得比台灣話好」大受打擊，開始有意識練習講台語。聽楊翠演講後決定報考台文所，兩年後日文更好了，台語還是不輪轉。研究日治時期台灣兒童文化。喜歡伍佰。獨立譯者是主業，寫論文是副業。本書〈第十章：台灣第一個文學少女〉作者。

林巧棠

台大外文系，台大台文所，耕莘青年寫作會。曾獲時報文學獎散文首獎。在《女人迷 Womany》網站主持專欄「Herstory」。研究台灣現代舞、女性文學和女性主義。跳過熱舞和國標，擅長爵士舞但最喜歡的還是現代舞。不過，最近更喜歡睡覺。本書〈第六章：摩登時代，大家來跳舞〉作者。

林冠廷

彰化員林人，吃米苔目時一定加蒜泥。美術科班出身，大學念的是平面設計，卻在畢業後投入台灣文學研究的懷抱，希望論文生產能夠一切順利。也在網路上發表插畫，用漫畫對白模擬現實社會。本書〈第八章：嚇！滿街都是女人啊〉作者。

周聖凱

台大台文所講話第四白爛的人，最近新買了一雙高腳木屐，被踩到會很痛，所以聊天的時候不要太靠近他，哥是很危險的。研究領域是日治時期和現代小說，學術目標是在研討會發表論文時，讓教授們笑到從椅子摔下來。本書〈第三章：公園生活〉作者。

施天音

台大戲劇研究所在讀。屬兔，除了上海，台北是待過最久的地方。不太會拒絕，有意無意中很會記日期，卻也期待未來的無限種可能性。好奇移民與全球化問題，傾向研究跨文化和跨邊界的作品。本書〈第十一章：台北大舞台〉作者。

孫中文

長得像柴犬，人稱大柴。不有錢，但身體頗有本錢。寫詩但不讀詩，讀散文但不研究散文，研究小說但不寫小說。文學因為我們各有缺陷，所以運轉。本書〈第二章：台北變裝秀〉作者。

郭瑾㷷

打狗左營人。二〇一二年從政治轉入台灣文學，研究戰後初期台灣廣播。同年加入青年樂生聯盟，在抗爭中學會握麥克風，但本質不擅社交、窘於自我介紹。本書〈第十二章：神仙落難記〉作者。

熊信淵

台灣鳳山人，高三開始從伊莉討論區接觸台灣地下音樂就一路聽到它獨立。正在考察台灣的搖滾樂歷史。偶爾用筆名熊一蘋發表作品。本書〈第一章：時代的聲音〉作者。

廖紹凱

一九九〇年生，就讀台大台文所。北漂到台北，終日喜歡到處閒晃、看電影和展覽，對空間建築感興趣，正職論文寫作。本書〈第十三章：淡水河百年史〉作者。

顏昀真

大學是社會學、中國文學專業。業餘日文譯者與詩人。一身無可救藥的理想主義，因偶像楊熾昌的一句〈彩色雨〉：「我已不再索求像我的」，深深著迷於日治時期的詩作，兩年前踏入台灣文學領域，目前為廣告公司新鮮人。本書〈第四章：來去城內過新生活〉作者。

【參考資料】

第一章

〈紀元節斷髮不改裝會舉行盛況〉，台北市文獻委員會編，《台北市志稿‧卷十：雜錄叢錄篇》（台北：台北文獻委員會，1959）。
陳君玉，〈日據時期臺語流行歌概略〉，《台北文物》4 卷 2 期（台北：成文，1983）。
《先發部隊》、《第一線》，收錄於池田敏雄、莊楊林編，《台灣新文學雜誌叢刊‧第二卷》（台北：東方，1981）。
〈試論台灣早期商業劇場----以日治時期台北市淡水戲館（新舞台）、艋舺戲園及永樂座為例〉，《民俗曲藝》146 期（台北：行政院文化建設委員會，1982）。
林太崴部落格「桃花開出春風」，http://blog.sina.com.tw/28994/。
邱坤良，《日治時期台灣戲劇之研究》（台北：自立，1993）。
徐逸鴻，《圖說日治台北城》（台北：貓頭鷹，2013）。
莊永明，《1930 年代絕版台語流行歌》（台北：台北市政府文化局，2009）。
郭珍弟、簡偉思導，《Viva Tonal 跳舞時代》（台北市：黑巨傳播事業發行，2004）。
陳郁秀、孫芝君，《張福興：近代台灣第一位音樂家》（台北：時報出版，2000）。
黃信彰，《李臨秋與望春風的年代》（台北：台北市政府文獻委員會，2009）。
黃惠君，《雨夜花飄望春風：台灣歌謠奇才鄧雨賢和他的音樂時代》（台北：台北市政府文化局，2006）。
黃裕元，《台灣阿歌歌：歌唱王國的心情點播》（新北：向陽文化，2005）。
葉龍彥，《台灣唱片思想起：1895-1999》（台北：博揚，2001）。
蔡欣欣編，《百年歌仔：2001 年海峽歌仔戲發展交流研討會論文集》（宜蘭：國立傳統藝術中心，2002）。
鄧泰超，《鄧雨賢生平考究與史料更正》（台北：國立台灣科技大學管理研究所碩士論文，2009）。
鄭恆隆、郭麗娟，《台灣歌謠臉譜》（台北：玉山社，2002）。
薛宗明，《台灣音樂辭典》（新北：台灣商務，2003）。
鍾肇政，《望春風》（台北：大漢，1977）。

第二章

山川不二人，〈女心秋空〉，《台灣文學》第 2 期第 4 卷（台北：啟文社，1943）。
王詩琅，〈老婊頭〉、〈沒落〉、〈十字路〉，《王詩琅朱點人合集》（台北：前衛，1991）。
朱點人，〈賴和先生為我而死嗎？讀《獄中日記》〉，《賴和全集（六）》（台北：前衛，2001）。
吳云代，《殖民地台灣的服裝編制：日治時期身體展演下服飾的意涵》（台南：國立成功大學台灣文學系碩士論文，2011）。
吳奇浩，〈喜新戀舊：從日記材料看日治前期台灣仕紳之服裝文化〉，《台灣史研究》第 19 卷第 3 期（2011）。
庄司總一，黃玉燕譯，《陳夫人》（台北：文經社，2012）。
原來，〈長衫的時尚觀察—日治晚期台灣女性的自主性意識展現〉，《明道學術論壇第 8 卷 3 期》（彰化：明道大學，2012）。
陳佩婷，《台灣衫到洋服－台灣婦女洋裁的發展歷史（1895 年 -1970 年）》（台中：逢甲大學歷史與文物研究所碩士論文，2009）。

陳惠文，〈裁縫匠的玩物〉，《三六九小報》（1930.9-1935.9）（台北：成文出版社復刻本，1975年）。
陳虛谷，〈榮歸〉，《陳虛谷作品集》（彰化：彰化縣立文化中心，1997）。
楊威理，陳映 譯，《葉盛吉傳：雙鄉記》（台北：人間出版，1995）。
〈紀元節斷髮不改裝會舉行盛況〉，《台灣日日新報漢文版》（1911.2.13日），台政要聞版。

第三章

王詩琅，〈沒落〉，收入施淑編《日據時代台灣小說選》（台北：麥田，2007）。
白先勇，《孽子》（台北：允晨，1992）。
呂紹理，《展示台灣：權力、空間與殖民統治的形象表述》（台北：麥田，2001）。
朱點人著，〈秋信〉，收入施淑編《日據時代台灣小說選》（台北：麥田，2007）。
孤峰著，〈流氓〉，收入施淑編《日據時代台灣小說選》（台北：麥田，2007）。
吳永毅，《左工二流誌：組織生活的出櫃書寫》（台北：台灣社會研究雜誌社，2014）。
林輝焜著，邱振瑞譯，《命運難違》（台北：前衛，1998）。
林獻堂，〈環球遊記〉，收入黃哲永、吳福助編，《全台文六十六》（台中市：文聽閣，2007）。
施淑，《文學星圖》（台北：人間，2012）。
追風著，鍾肇政譯，〈她要往何處去〉，《光復前台灣文學全集1：一桿秤仔》（台北：遠景，1981）。
徐麗霞，〈歷史．地景．文學：劍潭地景和劍潭詩作管窺〉，《中國文學之學理與應用：明清語言與文學國際學術研討會論文集》。
徐聖凱，《台北市立動物園百年史》（台北：台北市立動物園，2014）。
陳柔縉，《西方文明初體驗》（台北：麥田，2005）。
陳喻郁，《八景演變的相關探討：以彰化八景為例》（花蓮：國立東華大學鄉土文化學系碩士論文，2009）。
陳佩甄，〈現代「性」與帝國「愛」：台韓殖民時期同性愛再現〉（《台灣文學學報》第二十三期（2013），頁101-136）。
黃美娥，《重層現代性鏡像：日治時代臺灣傳統文人的文化視域與文學想像》（台北：麥田，2004）。
黃美娥，《古典台灣：文學史．詩社．作家論》（台北：麥田，2007）。
黃采瀅，《日治時期城市公園圖像研究》（台北：國立台灣師範大學美術學系美術理論班碩士論文，2009）。
黃旺成著，許雪姬編，《黃旺成先生日記（五）》（台北：中央研究院台灣史研究所，2010）。
廖淑婷，《權力與空間形塑之研究——以台北市都市公園為例》（台北：國立政治大學中國地政研究所碩士論文，2003）。
賴正哲，《去公司上班——新公園男同志的情慾空間》（台北：女書文化，2005）。
蔣竹山，《島嶼浮世繪：日治台灣的大眾生活》（台北：蔚藍文化，2014）。
蔣闊宇，《殖民地時期勞工運動史》（台北：國立台灣大學台灣文學研究所碩士論文，2014）。
蔡厚男，《台灣都市公園的建制歷程：1895-1987》（台北：國立台灣大學土木工程學研究所博士論文，1991）。
蘇碩斌，《看不見與看得見的台北》（台北：群學，2010）。

謝雪紅、楊克煌，《我的半生記：台魂淚》（台北：楊翠華，2004）。
濱田準雄著，葉石濤譯，〈蝙翅〉，《台灣文學集日文作品選集》（高雄：春暉，1996）。
〈新公園之設備〉，《台灣日日新報》（1906.7.12）。
〈新公園之設計〉，《台灣日日新報》（1906.7.20）。
〈新公園之賣茶店〉，《台灣日日新報》（1906.7.24）。
〈兒玉大將像〉，《台灣日日新報》（1906.7.29）。
〈新公園整頓概要〉，《台灣日日新報》（1906.8.16）。
〈同盟大工の示威運動〉，《台灣日日新報》（1908.3.24）。
〈音樂演奏〉，《台灣日日新報》（1908.10.27）。
〈公園露店〉，《台灣日日新報》（1909.5.26）。
〈公園噴水〉，《台灣日日新報》（1909.6.6）。
〈公園夜店〉，《台灣日日新報》（1909.6.15）。
〈新公園之籌畫〉，《台灣日日新報》（1911.8.10）。
〈圮壞天廟〉，《台灣日日新報》（1911.8.26）。
〈籌畫動物館〉，《台灣日日新報》（1911.11.13）。
〈公質鋪的添設望設於稻艋〉，《台灣民報》（1929.6.9）。
〈台北公園的創設望議員再努力〉，《台灣民報》（1929.6.23）。
〈五一被檢束者受即決拘留〉，《台灣民報》（1930.5.10）。
〈台北市三大問題：第一街道、第二公園、第三市場〉，《台灣民報》（1930.8.2）。
〈台北橋附近不良少年出沒〉，《台灣民報》（1930.8.16）。
Kotkin，Joel 著，謝佩妏譯，《城市的歷史》（台北：左岸，2006）。

第四章

文可璽，《台灣摩登咖啡屋》（台北：前衛，2014）。
王詩琅，〈沒落〉，《王詩琅、朱點人合集》（台北：前衛，1991）。
朱點人，〈秋信〉，《王詩琅、朱點人合集》（台北：前衛，1991）。
呂紹理，《展示台灣：權力、空間與殖民統治的形象表述》（台北：麥田，2011）。
林輝焜著，邱振瑞譯，《命運難為》（台北：前衛，1998）。
夏鑄九，〈殖民的現代性營造：重寫日本殖民時期台灣建築與城市歷史〉，《台灣社會研究季刊》40 期，2000。
郭秋生，〈王都鄉〉，《第一線》2 期（1935.1.6）。
陳柔縉，《人人身上都是一個時代》（台北：時報，2009）。
陳柔縉，《台灣西方文明初體驗》（台北：麥田，2011）。

黃美娥，《重層現代性鏡像：日治時代臺灣傳統文人的文化視域與文學想像》（台北：麥田，2004）。
楊啟正，〈日治時期台灣州治城市的基礎空間型態比較〉（台南：國立成功大學建築研究所碩士論文，2006）。
楊熾昌，《水蔭萍作品集》（台南：台南市文化中心，1995）。
蔣竹山，《島嶼浮世繪：日治台灣的大眾生活》（台北：蔚藍文化，2014）。
蘇碩斌，《看不見與看得見的台北》（台北：群學，2010）。
〈台北市街の今昔〉，《台灣日日新報》（1918年5月6日）。
〈並木に就て（一～五）〉，《台灣日日新報》（1915年3月7日-3月12日）。

第五章

內藤素生編，《南國之人士》（台北：台灣人物，1922）。
王惠珍，〈戰前台灣知識份子閱讀私史——以台灣日語作家為中心〉，《台灣文學學報》16期（2010），頁33-52。
王雅珊，《日治時期台灣的圖書出版流通與閱讀文化——殖民地狀況下的社會文化史考察》（台南：國立成功大學台灣文學系碩士論文，2010）。
正倫出版公司編，《台灣大企業家奮鬪史》（台北縣：喜年來，1983）。
何義麟，〈新高堂書店的創立與發展：兼論近代台灣出版業之殖民現代性〉，《台灣史料研究》38期（2011），頁23-47。
村崎長昶，《記憶をたどつて：八十年の回顧　》（東京都：不詳，1983）。
林文月，《青山青史：連雅堂傳》（台北：有鹿文化，2010）。
林進發編，《台灣發達史》（台北：民眾公論社，1936）。
河原功，《台灣新文學運動的展開：與日本文學的接點》（台北：全華，2004）。
徐聖凱，《日治時期台北高等學校與菁英養成》（台北：台灣師範大學出版中心，2012）。
高傳棋編，《穿越時空看台北：台北建城120週年古地圖舊影像文獻文物展》（台北：台北市政府文化局，2004）。
張靜茹，《上海現代性．台灣傳統文人：文化夢的追尋與幻滅》（台北縣：稻鄉，2006）。
黃文雄，〈台北青年會、讀書會、體育會〉，《台北文物》3卷2期（1954），頁137-139。
黃春承，〈日據時期之中文書局（上）〉，《台北文物》3卷2期（1954），頁131-136。
黃春承，〈日據時期之中文書局（下）〉，《台北文物》3卷3期（1954），頁115-130。
黃煌雄，《蔣渭水傳：台灣的孫中山》（台北：時報文化，2006）。
楊克煌，《我的回憶》（台北：楊翠華，2005）。
劉永筑，《1926年台灣日蓄與金鳥曲盤研究》（台北：國立台灣師範大學民族音樂研究所碩士論文，2009）。
蔡盛琦，〈新高堂書店：日治時期台灣最大的書店〉，《國立中央圖書館台灣分館館刊》9卷4期（2003），頁36-42。
蔡盛琦，〈戰後初期台灣的出版業(1945-1949)〉，《國史館學術集刊》9期（2006），頁145-181。
蔣朝根編，《蔣渭水留真集：在最不可能的時刻》（台北：台北市文獻委員會，2006）。
龍瑛宗，《龍瑛宗全集第七冊中文卷》（台南市：國家台灣文學館籌備處，2006）。
謝雪紅、楊克煌，《我的半生記台魂淚》（台北：楊翠華，1997）。

第六章

下村作次郎，〈現代舞蹈和台灣現代文學——透過吳坤煌與崔承喜的交流〉，收入行政院文化建設委員會編《台灣文學與跨文化流動：東亞現代中文文學國際學報（台灣號）》（台北：行政院文化部，2007），頁159-175。

文可璽，《台灣摩登咖啡屋》（台北：前衛，2014）。

石芳瑜，《花轎、牛車、偉士牌：台灣愛情四百年》（台北：有鹿文化，2012）。

朱少麟，《燕子》（台北：九歌，2005）。

艾德嘉 莫杭，《大明星》（台北：群學，2012）。

郭珍弟、簡偉斯，《Viva Tonal 跳舞時代》（台北：公共電視台，2003）。

郭玲娟，〈台灣現代舞先驅——蔡瑞月的舞蹈人生〉（台南：國立台南大學台灣文化研究所碩士論文，2006）。

葉石濤，《紅鞋子》，（台北：自立晚報，1989）。

楊杜煜，《台灣舞蹈表演藝術之發展與當代社會之關係（1930年代至2000）》，（桃園：國立中央大學歷史研究所碩士論文，2003）。

龍瑛宗，〈詩人的華爾茲〉。http://literature.ihakka.net/hakka/author/long_ying_zong/long_composition/long_onlin/novel/n_c10.htm（2015.4.4）。

Chang, Wen-Hsun. "Choi Seung-Hee and Taiwan: 'The Joseon Boom' in Taiwan of The Pre-War Period," Platform Anthology: Asia Culture Review (2009), pp. 28-32.

Han, Sung-Joon. Choi Seunghee: The Korean Dancer. VHS video. West Long Branch, New Jersey, United States: Kultur (1998).

第七章

台灣總督府著，《公學校用國語讀本（第一種）》（台北：南天，2003）。

吳振東編，《走過大稻埕》（台北：台北延平扶輪社，2000）。

呂赫若，《呂赫若日記》（台南：國家台灣文學館，2004）。

林承毅，〈台北市大稻埕地區茶商歷史與信仰之研究〉，《台灣民俗藝術彙刊》1期（2004），頁45-55。

張文環，〈藝妲之家〉，收入陳萬益編，《張文環全集小說集（一）中、短篇》（台中：台中縣立文化中心，2002），頁191-237。

許麗芩，《百年迪化風華》（新北：策馬入林文化，2011）。

郭雪湖基金會，〈從「南街殷賑」談郭雪湖與大稻埕〉，《傳藝雙月刊》110期（2014.2.1），頁84-95。

曾品滄，〈鄉土食和山水亭：戰爭期間「台灣料理」的發展（1937－1945）〉，《中國飲食文化》9卷1期（2003），頁113-156。

蔣竹山，《島嶼浮世繪：日治台灣的大眾生活》（台北：蔚藍文化，2014）。

顏忠賢，〈日據時期大稻埕店屋空間的文化形式分析〉（台北：國立台灣大學城鄉與建築研究所碩士論文，1990）。

蘇碩斌，《看不見與看得見的台北》（台北：群學，2010）。

第八章

文可璽，《台灣摩登咖啡屋：日治台灣飲食消費文化考》（台北：前衛，2014）。

田中一二編，李朝熙譯，《台北市史：昭和六年》（台北：台北市文獻會委員會，1998）。

佐倉孫三，《台風雜記》（台北：台灣銀行經濟研究室，1961）。

吳若瑩，〈性／感地誌：公娼館文萌樓的保存與大稻埕性／產業地景〉（台北：國立台灣大學建築與城鄉研究所碩士論文，2009）。

張文環著，陳萬益編《張文環全集》（台中：台中縣立文化中心，2002）。

梁秋虹，〈社會的下半身——試論日本殖民時期的性治理〉（新竹：國立清華大學社會學研究所碩士論文，1993）。

陳姃湲編著，《看不見的殖民邊緣：日治台灣邊緣史讀本》（台北：玉山社，2012）。

陳惠雯，《大稻埕查某人地圖》（台北：博揚文化，1999）。

程佳惠，〈1935 年台灣博覽會之研究〉（桃園：國立中央大學歷史研究所碩士論文，2001）。

蔡蕙頻，《好美麗株式會社：趣談日治時代粉領族》（台北：貓頭鷹，2013）。

蕉麓，〈揀茶行〉，《台灣日日新報》第二一三五號（1905）。

Davidson, James W. 著，陳政三譯註，《福爾摩沙島的過去與現在》（台南：國立台灣歷史博物館，2014）。

第九章

王詩琅，《艋舺歲時記：台灣風土民俗》（台北：海峽學術，2003）。

井頭生，〈和黛卿女士斷　書感韻〉，《漢文台灣日日新報》第 3888 號（1911.3.20），第一版。

石芳瑜，《花轎、牛車、偉士牌：台灣愛情四百年》（台北：有鹿文化，2012）。

竹中信子，《日治台灣生活史——日本女人在台灣（明治篇 1895-1911）》（台北：時報文化，2007）。

邱旭伶，《台灣藝妲風華》（台北：玉山社，1999）。

吳若瑩，《性／感地誌：公娼館文萌樓的保存與大稻埕性／產業地景》（台北：國立台灣大學建築與城鄉研究所碩士論文，2009）。

周怡孜，〈強拆百年「青雲閣」地主道歉願蓋回〉，（台北：風傳媒，2014 年 08 月 29 日 18:17），http://www.storm.mg/article/35265。

原登美夫，〈臺灣の綴方少女黃氏鳳姿を訪ねて〉，《臺灣日日新報》（1939.2.20），第三版。

陳逢源，〈茶前酒後——藝妲の二つの型〉，《台灣藝術》1 卷 3 號（1940.5.1），頁 74-75。

張文環，〈藝妲之家〉，收入陳萬益編《張文環全集小說集（一）中、短篇》（台中：台中縣立文化中心，2002），頁 191-237。

蜻蛉洲客，〈和香禪女士入道韵〉，《台灣日日新報》第 3892 號（1911.3.25），第一版。

黛卿女士，〈秋感〉，《台灣日日新報》第 3419 號（1909.9.19），第一版。

盧元勳，〈讀王香禪女史詩有感〉，《漢文台灣日日新報》第 3052 號（1908.7.4），第一版。

〈女劇又興〉，《漢文台灣日日新報》第 2826 號（1907.10.3），第五版。

〈拾碎錦囊（九十一）〉，《漢文台灣日日新報》第 2249 號（1905.10.28），第七版。

〈就蔡碧吟議贅羅秀惠言〉，《漢文台灣日日新報》第 3399 號（1909.8.27），第一版。

〈蘸綠村詩話〉，《漢文台灣日日新報》第 2823 號（1907.9.29），第三版。

第十章

王珮瑩，《日治時期台灣「不良少年」的誕生》（新竹：國立清華大學歷史研究所碩士論文，2010）。

台湾近現代史研究会編，《台　近現代史　究》（綠蔭書房：東京，1993）。
周婉窈，《台灣史開拓者：王世慶先生的人生之路》（新北市：新北市政府文化局，2011）。
邱各容，《台灣近代兒童文學史》（台北：秀威，2013）。
金關丈夫編，《民俗台灣》（台北：東都書籍台北支店，1941-1945），本文參考的是復刻版（台北：南天書局，1998）。
基隆通信員，〈少女通譯官を走らす〉，《台灣新報》（1898.03.27），第三版。
彭威翔，《日治時期台灣學校制服之研究》（台北：國立政治大學台灣史研究所碩士論文，2010）。
游珮芸，《植民地の　童文化》（東京：明石書店，1999）。
黃鳳姿，《七娘媽生》（台北：東都書籍台北支店，1940）。
黃鳳姿，《七爺八爺》（台北：東都書籍台北支店，1940）。
黃鳳姿，《台灣の少女》（東京：東都書籍，1943）。

第十一章

石婉舜，《一九四三年台灣「厚生演劇研究會」研究》（台北：國立台灣大學戲劇學系碩士論文，2002）。
呂赫若，《呂赫若日記》（台南：國家台灣文學館，2004）。
李金峰等編，《百年歌仔：海峽兩岸歌仔戲發展交流研討會論文集（2001）》（宜蘭：國立傳統藝術中心，2003）。
來稿，〈近時戲熱勃興〉，《台灣日日新報》，第 7236 號（1920.8.1），第六版。
林鶴宜，《從田野出發：歷史視角下的台灣戲曲》（台北縣：稻鄉，2007）。
林鶴宜，《台灣戲劇史（增修版）》（台北：台灣大學出版中心，2015）。
邱坤良，《舊劇與新劇：日治時期台灣戲劇之　究（一八九五－一九四五）》（台北：自立晚報，1992）。
邱坤良，《飄浪舞台：台灣大眾劇場年代》（台北：遠流，2008）。
邱坤良，《劇場與道場，觀眾與信眾：台灣戲劇與儀式論集》（台北：國立台北藝術大學，2013）。
徐亞湘，《日治時期中國戲班在台灣》（台北：南天，2000）。
徐亞湘，《日治時期台灣戲曲史論：現代化作用下的劇種與劇場》（台北：南天，2006）。
徐亞湘，《史實與詮釋：日治時期台灣報刊戲曲資料選讀》（宜蘭縣：國立傳統藝術中心，2006）。
徐亞湘選編，《台灣日日新報與台南新報戲曲資料選編》（台北縣：宇宙，2001）。
曾顯章，《張維賢》（台北：台北藝術大學，2003）。
葉龍彥，《台灣的老戲院》（台北縣：遠足文化，2006）。
鳳氣至純平，《中山侑研究——分析他的「灣生」身分及其文化活動》（台南：國立成功大學台灣文學研究所碩士論文，2006）。
謝汝銓，〈論該死之鐵史〉，《台灣日日新報》第 8552 號（1924.3.9），第六版。
謝筱玫，《台北地區外台歌仔戲「胡撇仔」劇目研究》（台北：國立台灣大學戲劇研究所碩士論文，2000）。

顧正秋，《休戀逝水：顧正秋回憶錄》（台北：時報文化，1997）。
〈新排三搜臥龍岡〉，《台灣日日新報》，第8534號（1924.2.20），第六版。

第十二章

方豪纂，《台北市志稿卷四．社會志：宗 篇》（台北：台北市文獻委員會，1957）。
李世偉、王見川，〈台北艋舺龍山寺「民間佛教」性格之歷史考察〉，《圓光佛學學報》第七期（1999）。
林衡道，〈台北的城隍〉，收入陳奇祿編《台灣風土》第三冊（台南：台南市政府文化局，2013），頁444-445。
林衡道，〈艋舺青山宮〉，收入陳奇祿編《台灣風土》第四冊（台南：台南市政府文化局，2013），頁30-31。
林衡道，〈祖師廟〉，收入陳奇祿編《台灣風土》第四冊（台南：台南市政府文化局，2013），頁34-35。
柳佳佑，〈台灣民間信仰的考察—以艋舺龍山寺為中心〉（新北：華梵大學東方人文思想研究所碩士論文），2009。
黃啟瑞，〈艋舺龍山寺——沿革和其所祀神佛〉，收入陳奇祿編《台灣風土》第四冊（台南：台南市政府文化局，2013），頁27-29。
尚文纂修，《嘉義縣志卷九．宗教志》（嘉義：嘉義縣政府，2009），頁18-43。
〈龍山地區耆老座談會記錄〉，《台北文獻》，台北直字第96期（台北：台北文獻委員會，1991）。

第十三章

王詩琅，〈沒落〉，收入張恒豪編，《王詩琅、朱點人合集》（台北：前衛，1990）。
朱點人，〈秋信〉，收入張恒豪編，《王詩琅、朱點人合集》（台北：前衛，1990）。
張文環著，陳萬益編，《張文環全集》（台中：台中縣立文化中心，2002）。
莊永明，《台北老街》（台北：時報文化，1991）。
連橫，《雅堂叢刊》（台北：台北縣文獻委員會，1975）。
陳柔縉，《人人身上都是一個時代》（台北：時報出版，2009）。
陳毓婷，《日治時期台灣的納涼會——以《台灣日日新報》為主之探討（1902-1940）》（南投：國立暨南國際大學歷史學系碩士論文，2011）。
蔡龍保，〈日治時期台灣國有鐵路與觀光業的發展〉，《台北文獻》直字第142期（2002），頁69-86。
蔣竹山，《島嶼浮世繪：日治台灣的大眾生活》（台北：蔚藍文化，2014）。
謝春木，〈她將往何處去〉，《台灣》雜誌第3年第4號-7號（1922.7-10）。

百年不退流行的台北文青生活案內帖
作　者／台灣文學工作室
責任編輯／高莎莎
發行人／蘇拾平
總編輯／蘇拾平
編輯部／王曉瑩
行銷部／陳雅雯、張瓊瑜、余一霞、汪佳穎
業務部／郭其彬、王綬晨、邱紹溢
●出版社／本事出版
台北市松山區復興北路333號11樓之4
電話：(02) 2718-2001　傳真：(02) 2718-1258
E-mail：motifpress@andbooks.com.tw
●發行／大雁文化事業股份有限公司
大雁文化事業股份有限公司
地址：台北市松山區復興北路333號11樓之4
電話：(02)2718-2001
傳真：(02)2718-1258
E-mail：andbooks@andbooks.com.tw
教育部「人文社會科學應用能力及專長培育計畫」補助
裝幀設計／黃子欽
印　刷／上晴彩色印刷製版有限公司
2015年八月初版
2019年三月二十六日初版5刷
定價三六〇元

國家圖書館出版品預行編目資料
百年不退流行的台北文青生活案內帖 /台灣文學工作室 著；
---.初版.— 臺北市 ； 本事出版：大雁文化發行,
2015年8月　面 ；　公分.－
ISBN 978-986-6118-90-6(平裝)
1.生活史 2.日據時期 3.臺北市
733.9/101.4　　104007110

ISBN 978-986-6118-90-6

百年不退流行的台北文青生活案內帖

百年不退流行的 台北文青生活案内帖

一百年不退流行的台北文青生活案內帖